AMRA

HORST KROHNE

Die Geistige Schöpfung des Lebens

Mediale Botschaften über die Entstehung der Welt

AMRA

Besuchen Sie unseren Shop:
www.AmraVerlag.de

Ihre 80-Minuten-Gratis-CD erwartet Sie.
Unser Geschenk an Sie … einfach anfordern!

Eine Originalausgabe im AMRA Verlag
Auf der Reitbahn 8, D-63452 Hanau
Hotline: + 49 (0) 61 81 – 18 93 92
Service: Info@AmraVerlag.de

Herausgeber& Lektor	Michael Nagula
Textbearbeitung	Thomas Görden
Einbandgestaltung	Guter Punkt
Layout & Satz	Birgit Letsch
Druck	CPI books GmbH

ISBN Hardcover 978-3-95447-550-6
ISBN eBook 978-3-95447-551-3

Folgende weitere Bücher von Horst Krohne sind bei AMRA erhältlich:
Neue Sicht des Geistigen Heilens. Erweitere Neuausgabe, doppelter Umfang
Die 12 Programme des Bewusstseins. Geistiges Heilen und Lebenssinn
Hausbuch der Geistheilung. Soforthilfe bei Beschwerden. Neuausgabe
Ich möchte wissen, um zu helfen! Wie Medialität Heilung unterstützt

Inhalt

Einführung

Geist ist Leben, Leben ist Geist

Der Inhalt dieses Buches besteht aus gesammelten medialen Durchsagen, die ich während meiner vierzigjährigen Tätigkeit als Geistheiler durchgegeben bekam. Sie erfolgten bei besonders schwierigen Krankheitsfällen immer dann, wenn ich in tiefer Meditation oder Trance nachfragte: »Ich möchte wissen, um zu helfen.« Besonders wenn es darum ging, zelluläre Erkrankungen auf ihren Entstehungshintergrund zu befragen, gab es sehr informationsreiche Durchsagen. Weil die meisten medial empfangenen Antworten über zelluläre Erkrankungen von Fachleuten bestätigt wurden, erkundigte ich mich irgendwann auch, woher das Bewusstsein kommt, das die vielschichtigen Regulierungen in den Zellen steuert. Aus den vielen Antworten entstanden für mich als Geistheiler einige von der biologischen Wissenschaft deutlich abweichende Antworten auf die Fragen: »Was ist Lebensenergie? Hat eine Zelle ein eigenes Bewusstsein? Was oder wer steuert

Heilung und Regeneration?« Als ich einmal fragte, wie Geistheilung funktioniert, was im Kranken geschieht, wenn ich die Hände auflege und Heilung geschieht, war die Antwort wie ein Schock: »Das können wir euch nicht erklären, denn ihr wisst nicht, was Leben ist!«

Auf meine Bitte, dass ich wissen möchte, was Leben ist, damit ich besser helfen kann, erhielt ich mehrere Jahre lang keine Antwort. Zu dieser Zeit nahm ich Unterricht bei einem spirituellen Lehrer, der mich in die verschiedenen Methoden geistiger Heilweisen einweihte. Darunter war auch eine Methode der Fernheilung, die unter dem Begriff Astralwanderung oder Seelenreise bekannt ist. Auf diese Weise lernte ich, mit Teilen meines Bewusstseins meinen Körper zu verlassen. Es ist ein Zustand ohne Raum und Zeit, mit völlig anderer Wahrnehmung. In diesem Bewusstseinszustand kann ich nur energetische Felder wahrnehmen, die Materie ist dann nicht mehr vorhanden. So entwickelte ich eine Fähigkeit, die man als eine Art Röntgenblick beschreiben könnte. Aber das dabei Gesehene und Erlebte warf immer wieder neue Fragen auf. Meine im Laufe der Zeit besser gewordene aussersinnliche Wahrnehmung und das ständige Hinterfragen mündeten in mehrere Astralreisen, die zu einem Schulungsprogramm auf medialer Basis wurden.

Alle Antworten in tiefer Meditation oder Trance bekomme ich von zwei Geistwesen. Das eine, ich nenne es Oskar, erklärt mir die feinsten Zusammenhänge in den biologischen Energien, in Form des steuernden Bewusstseins. Ein anderes Wesen, das sich Lehmann nennt, beantwortet mir Fragen über Schicksal und Karma und auch nach dem Sinn des Lebens, aber nicht im Sinne der Naturwissenschaften. Ob es Informationen zum Heilen waren oder über Schicksal und Karma, man kann es nur als Geisteswissenschaft verstehen.

Unser biologisches und naturwissenschaftliches Wissen bietet uns ein durch Erfahrung entstandenes Bild unserer Welt, das sich nicht mit den geistigen Durchsagen vergleichen lässt. Sämtliche Durchsagen enthielten Hinweise auf energetische Funktionen, die immer wieder als Bewusstsein und Lebensenergie bezeichnet wurden. Am Anfang der Durchsagen hatte ich Mühe, sie sinnvoll einzuordnen. Der Grund war, dass es in den Durchsagen hieß, alles in unserer Welt, ob organisch oder anorganisch, sei Bewusstsein. Für mich war es zunächst schwer zu begreifen, dass ein Berg oder ein Stein ein Bewusstsein hat und auch schon die kleinsten Lebewesen ein Bewusstsein der Selbstregulation besitzen sollen.

Allmählich fasste ich immer mehr Vertrauen in diese außersinnlichen Wahrnehmungen, Durchsagen und Erklärungen, weil sie sich bei praktischen Anwendungen als richtig erwiesen und Heilungen hervorbrachten. Aber nicht nur das körperliche Wohlergehen, auch das psychische und seelische Verhalten profitierte immer mehr von den vermittelten Botschaften und Anwendungen in Gesprächen und Energieübertragungen, so dass ich das ganze Phänomen inzwischen als »ansteckende Gesundheit« verstehe. Es brauchte viele Jahre an Erfahrung und Verarbeitung, bis sich daraus für mich ein Weltbild herausbildete, das es mir ermöglicht, die Frage nach Bewusstsein und Leben zu beantworten.

Nach über vierzig Jahren als Geistheiler und Medium wage ich es hier jetzt erstmals, den Sinn des Lebens, den Sinn unserer Existenz aus geistiger Sicht anhand meiner praktischen Erfahrungen zu beschreiben. Mehr noch, all diese Durchsagen und Informationen aus dem Geist vermittelten mir eine Vorstellung von der Entstehung des Lebens aus dem Geist. Mit dem Begriff Geist meine ich Gott, das Kosmische Bewusstsein oder den Weltengeist – egal wie wir es nennen, es ist das alleinige Zentrum der Schöpfung, die Urquelle.

In den nachfolgenden Kapiteln möchte ich die empfangenen Informationen weitergeben. Mein Wunsch ist, dass auch Sie an dem Geschenk, das mir übermittelt wurde, teilhaben können. Meine Hoffnungen gehen sogar noch weiter, indem ich mir wünsche, dass auch Sie in Ihren körperlichen und seelischen Erfahrungen einen tieferen Sinn erkennen mögen.

Horst Krohne

Teneriffa 2022

Die ersten Erkenntnisse

Nach einer erfolgreichen Schmerzbehandlung durch Handauflegen an der schmerzenden Schulter und zusätzlicher energetischer Stabilisierung zweier Chakren bat mich ein Klient zum wiederholten Mal darum, ihm zu erklären, wie das Geistige Heilen oder bioenergetische Heilen funktioniert. Diese und ähnliche Fragen und meine Erklärungsnot hatten schon in der Vergangenheit dazu geführt, dass ich mehrmals um intuitive oder mediale Aufklärung bat. Doch meine Fragen nach der Wirkungsweise des Geistigen Heilens blieben lange Zeit unbeantwortet. Immer wieder empfing ich die folgende mediale Antwort: »Das können wir euch nicht erklären, denn ihr wisst nicht, was Leben ist!« Deshalb fragte ich an jenem Abend mit meiner Formel *ich möchte wissen, um zu helfen* nach. Meine Bitte lautete: »Ich möchte wissen, wie das Leben entstand und was der Sinn des Lebens ist, um besser helfen zu können.« An diesem Abend wurde diese Frage nicht nur zum ersten Mal beantwortet, es entwickelte sich daraus auch ein über viele Jahre andauernder Dialog.

Verstehen Sie den Begriff Dialog nicht als ein Gespräch, wie wir es zwischen uns Menschen führen. Es sind meistens nur einzelne Fragen, auf die ich dann eine kurze Antwort bekomme. Einzig durch die vielen jahrelangen Aufzeichnungen von Heilanwendungen und wiederholtes Nachfragen, warum dies so oder so geschah und warum bei gleicher Behandlung und gleicher Krankheit es bei anderen nicht zu einer Heilung kam, entwickelte sich über die Jahre ein Bild über die Entstehung und den Sinn des Lebens. Besonders das Nachfragen, wenn eine Heilbehandlung erfolglos blieb, erbrachte die besten Antworten. Die Essenz daraus: *Der Grund für einen Misserfolg in der Heilung liegt am mangelnden Bewusstsein und auch Wissen bei Therapeut und Klient.*

In mehreren Durchsagen wurde mir klargemacht, dass jede Krankheit ein Mangel an Bewusstheit ist. Wenn also mangelndes Bewusstsein und Unerfahrenheit das Hauptübel sind, was müssen wir dann lernen und wissen? Nach meiner Meinung sind es die dem Leben zugrunde liegenden Gesetzmäßigkeiten, die wir noch nicht verstanden haben, weswegen wir aus Unwissenheit von Schicksal und Karma sprechen. Manchmal werden die Gene, Erbkrankheiten oder die Lebensumstände als Verursacher von Krankheit und Leid herangezogen. Diese und andere auf unsere Welt bezogenen Betrachtungen, Beurteilungen gehen gleichermaßen vom Therapeuten und vom Klienten aus.

»Ihr wisst nicht, was Leben ist, und jede Krankheit ist mangelndes Bewusstsein« – diese mir meine Unwissenheit signalisierenden Antworten kamen mir wie eine unüberwindbare Mauer vor. Und wenn ich noch die Begriffe Seele und Geist hinzunahm, die ja irgendwie mit Bewusstsein und Leben in Beziehung stehen, waren meine Erklärungsnöte unübersehbar. Mehrmals nach einer Geistigen Heilung wurde durch meine Klienten, die mich fragten, wie ich denn die Heilung bewerkstelligt hatte, meine Unwissenheit bloßgestellt. Wenn ich heute, nach vierzig Jahren, auf die ersten auf meine medial gestellten Fragen empfangenen Antworten zurückblicke, ist mir völlig klar, dass meine Unwissenheit zu diesem Thema viel zu groß war, um die unbekannte Welt der Schöpfung begreifen zu können.

Das Einzige, wodurch ich im Laufe der Zeit immer mehr Wissen erlangte, waren die praktischen Erfahrungen beim Heilen. Durch Verbesserungen von körperlichen und psychischen Problemen, wie auch bei erfolglosen Behandlungen, kristallisierte sich allmählich ein Bild heraus – die Erkenntnis, dass Geistiges Heilen nicht etwa die körperlichen Strukturen reguliert, sondern vielmehr das allen Lebewesen innewohnende steuernde Bewusstsein. Meine geistigen Helfer, die mir bei jeder Heilung zur Seite standen, ließen mir Zeit, durch praktische Erfahrungen beim Heilen mein Wissen zu vergrößern.

Wenn ich heute auf diese Zeit zurückblicke, war es genau richtig für mich, abzuwarten und zunächst Erfahrungen zu sammeln, denn mit der Zeit wurde mein Kontakt in den Meditationen intensiver und meine Fähigkeit zur außersinnlichen Wahrnehmung entwickelte sich. Unter bestimmten Bedingungen vollzog sich neben den Antworten auf meine Fragen auch ein bildhaftes Geschehen. Wenn ich von Bildern, Farben und Symbolen spreche, meine ich nicht meine Gedanken und Vorstellungen. Es handelt sich nicht um gedachte Visionen, ist also keine von mir selbst erwünschte Imagination. Eher ist es wie ein Traum, der unaufgefordert in der Wahrnehmung meines denkenden Bewusstseins auftaucht. Nur mit dem Unterschied, dass die empfangenen Bildinformationen realitätsnah sind und diagnostisch und praktisch beim Heilen genutzt und als Erkenntnis wahrgenommen werden können. Meine geistigen Führer konnten mir somit über Farben, Symbole und bildhafte Strukturen die Funktionen und Steuerungen der Bioenergien vermitteln.

Die Bilder, die mir gezeigt wurden, trugen dazu bei, die Wirkung der geistigen Energien in den bioenergetischen Systemen zu beobachten. So wurde mir bewusst, dass in jedem Lebewesen Einfallstore für geistige Information vorhanden sind. Die kleinsten Empfänger- Einheiten befinden sich in der DNA, etwas größere in den Meridianen an bestimmten Stellen, die auch bei Akupunktur-Behandlungen (Akupunktur-Punkte) benutzt werden. Die größten Einfallstore sind energetische Wirbel, die allgemein als Chakren bekannt sind. Neben den sieben Hauptchakren gibt es noch diverse Nebenchakren, die alle miteinander in einem Netz von Verbindungen agieren. Diese Verbindungen, Nadis genannt, bilden in der Gemeinschaft aller Chakren die Grundstruktur der Lebenssteuerung, Heilung und Erhaltung. Aus diesem Feld kommen die Informationsübertragungen für alle Lebensprozesse.

In den wirbelnden Feldern der Chakren werden die geistigen Informationen in elektromagnetische Signale transformiert. Diese uns unbewussten Lebensprozesse prägen auch unser Denken und unsere Neigungen und Bedürfnisse. Außerdem werden alle körperlichen, emotionalen und mentalen Signale und Funktionen über die Chakren zurück in das Geistige übertragen. So bekommt der alte Spruch »Gott sieht alles« reale Bedeutung. Oder, anders ausgedrückt, die Intelligenz des Lebens hat durch diese Rückbindung Einblick in das physische Geschehen und kann jederzeit korrigierend eingreifen.

Die kleinsten Übertragungsmodule, die DNA in den Zellen, dienen der Zellregeneration und vererben auch die von der Schöpfung erwünschten Mutationen für die biologische Evolution. Außerdem wird durch sie die Zusammensetzung bei einer Befruchtung, die Zusammensetzung der Vererbung gesteuert. Die biomagnetischen Meridiane steuern auf ihrer Basis bestimmte biologische Funktionen, gleichzeitig wirken sie wie Sensoren, dienen allen höheren Lebewesen hauptsächlich für den Empfang und das Senden von Orientierungssignalen in Raum und Zeit. Wenn diese Signale bewusst wahrgenommen werden, sprechen wir vom Instinkt, von Ahnungen und außersinnlicher Wahrnehmung. Weil alle Meridiane eine indirekte Steuerung für Organe und Organfunktionen besitzen, leiden viele sensible Menschen mit ihren außersinnlichen Wahrnehmungen oft tatsächlich organisch und sehr körperlich, weil die Sensibilität durch außersinnlich empfangene Reize auch die Steuerung der Körperfunktionen belasten kann.

Alle noch so unterschiedlichen Bioenergien mit ihren Transformatoren sind eingebunden in ein geistig-biologisches Informationsnetz, bilden also ein biologisch-geistiges Internet. Die bisher genannten Strukturen gehören zu der uns unbewussten Lebenserhaltung. Sie sind nicht zu vergleichen mit unserem Denken und intellektuellen Wissen, bei dem wir uns für sehr frei und selbstbestimmt halten. Unsere seelischen und charakterlichen Eigenschaften sind obendrein stark von diesem unbewussten Informationennetz geprägt.

Erklärungen, die ich von meinen geistigen Helfern dazu erhielt, lieferten mir eine Antwort auf die Frage, was unsere Aufgabe ist und wie das Wirken der Seele verstanden werden kann. Nach ihren Auskünften transformiert die Seele, wie ein Dolmetscher, in den Chakren die von geistiger Energie getragenen Informationen in die biologischen Energiesysteme. Als Vermittler wirkt die Seele in zwei Seins-Formen, aus dem geistigen Bewusst-Sein zum Da-Sein. Somit ist alles Lebendige das Da-Sein des Geistes in unserer physikalischen Welt. Alle Seelen haben diese Vermittlung vom Geist in die Materie und anders herum von der Materie zum Geist erlernt. Es ist ein Prozess, der ein unvorstellbar großes Wissen beziehungsweise ein sehr hohes Bewusstsein der Seele verlangt. Die Entstehung des Bewusstseins der Seele in der Materie beschreibe ich im nächsten Kapitel.

Die Entstehung von Bewusstsein in der materiellen Welt

»Wir haben euch hier zusammengerufen, weil ihr fragt, wie die Wunder in der Geistheilung zu verstehen sind. Diese Frage können wir euch nicht detailliert beantworten, weil ihr nicht wisst, was Leben ist. Trotz aller begrifflichen Schwierigkeiten werden wir jedoch versuchen, euch die Entstehung des Lebens zu erklären. Die eine Hälfte der Entstehung des Lebens können wir euch nicht erklären, weil ihr keine Begriffe, keine Worte für diese Dimensionen habt und die dort herrschenden Gesetzmäßigkeiten euch außerdem fremd sind. Die andere Hälfte müssen wir so modellieren, dass ihr sie mit euren Begriffen, eurer Denkweise verstehen könnt. Wir wählen deshalb zusätzlich eine visuelle Darstellung als Ergänzung zu unseren Erklärungen.«

Mit diesen Worten begann eine Folge von medialen Erlebnissen, eine Schulung durch außersinnliche Wahrnehmung, ich möchte sogar weitergehen und sagen: durch übersinnliche Vermittlung. Wenn ich das so formuliere, dann deshalb, weil ich zu diesem Zeitpunkt gelernt hatte, in der Meditation mich als Meditierender zu erleben, das bedeutet, in der Meditation in eine weitere Meditation zu gehen. Dieses zusätzliche Meditieren in der Meditation führt dann direkt in eine Trance und zu besseren, klareren Botschaften aus der Geistigen Welt.

ꕥ • • • ꕥ

Auf meine Frage, was das denn für begriffliche Schwierigkeiten sind und wie ich mir die zwei Hälften vorstellen kann, erhielt ich die folgenden Erklärungen …

Oskar: Unsere größte Schwierigkeit ist, dass wir aus dem Zeitlosen wirken, doch ihr könnt euch mit eurer biologischen Erfahrung nicht vorstellen, dass etwas existieren kann, das weder Vergangenheit noch Zukunft kennt und nur in der Gegenwart agiert. Ihr habt einen Begriff dafür entwickelt und nennt es das Ewige Jetzt, aber logisch verarbeiten könnt ihr es nicht. Einen weiteren Problemkreis bilden die Begriffe Ewigkeit und Unendlichkeit für euch. Ihr könnt euch nicht vorstellen, dass etwas unendlich ist, also keine endliche Begrenzung hat, oder dass etwas unendlich klein ist, in eurem Sinne keinen Raum einnimmt und doch existiert. Ähnlich ist es für euch mit der Ewigkeit: sich vorzustellen, dass etwas schon immer bestand, also keinen Anfang hat, und auch immer weiter bestehen kann, also nie vergeht.

Ich möchte gleich eine Frage anschließen: Warum ist eigentlich unser Denken so begrenzt?

Oskar: Euer menschliches Gehirn ist ein Produkt der irdischen Evolution, und alle Wahrnehmungen beruhen einzig auf dem, woraus ihr besteht – also materiellen, räumlichen und zeitlichen Strukturen. Ihr könnt nur das erfahren, wofür euer Organismus angelegt ist, nämlich Bewusstsein in der Materie zu entfalten.

Und weil wir im Leben erkennen, dass unsere Existenz räumlich und zeitlich begrenzt ist, und weil wir keine anderen Erfahrungen machen können, haben wir das Problem mit der Unendlichkeit in unserem Raum-Zeit-Kontinuum.

Deinen Erklärungen entnehme ich, dass ihr als Geistwesen diese Begrenzung nicht habt. Woran liegt das?

Oskar: Zwischen deinem und meinem Bewusstsein gibt es einen großen Unterschied: Du entwickelst dein Bewusstsein im begrenzten Raum, in einer materiellen Verdichtung der Schöpfung, und wir, eure Helfer, entfalten uns in einem Feld der Information, was uns einen größeren Freiraum oder, besser gesagt, eine grenzenlose Wahrnehmung erlaubt.

Wenn du von materialler Dichte und einem Feld sprichst, kannst du mir bitte erklären, was ich mir unter diesem Feld der Information vorstellen kann?

Oskar: Dein menschliches Bewusstsein wird das nicht können. Wie willst du dir etwas vorstellen, das du nicht siehst und nicht kennst? Deshalb ein Gleichnis für dich: Du kannst unmöglich die Rundfunk- und Fernsehstrahlen sehen, obwohl sie voller Informationen sind. Deine Sinnesorgane sind weder für Rundfunk- und Fernsehstrahlen noch für mein Informationsfeld entwickelt worden. Wobei mein Feld um Dimensionen anders ist als die Funkstrahlen in eurer Welt, die ihr, obwohl ihr sie nicht sehen könnt, zu erzeugen und für die Informationsübertragung zu nutzen gelernt habt.

Werden wir Menschen einen Empfangsapparat entwickeln, um in dein Feld hineinhorchen oder sogar hineinschauen zu können?

Oskar: Diese Möglichkeit besteht schon. Es ist eure Seele, euer Unbewusstes, denn ohne ihre Verbindungen zu unserem Informationsfeld hättest du kein Bewusstsein entwickeln können. Leben kann nur entstehen und erhalten werden durch die Informationen, die aus der Welt der Ideen über das Informationsfeld zu euch weitergeleitet werden.

Ich verstehe, es ist so, wie wir immer über uns sagen: Wir bestehen aus Körper, Seele, Geist, und du bestehst nur aus Geist. Doch es lässt mich nicht los: Ich möchte erfahren, wie eigentlich dein Feld der Information gestaltet ist.

Oskar: Ich verstehe deinen Wunsch, weil du ein Fenster zum Überbewussten geöffnet hast. Du empfängst Informationen aus einem Feld, das jenseits deiner Vorstellung liegt, und möchtest gerne wissen, wie es dort zugeht. Dein Wunsch in allen Ehren, doch du musst warten, bis dein irdisches Bewusstsein, dein Gehirn biologisch lernt, außersinnliche Informationen in bewusste Erkenntnis umzusetzen und zu verstehen. Dir fehlen noch Worte und Begriffe für unsere jenseitigen Strukturen, wolltest du sie mit deiner Denkweise beschreiben. Wir haben über ähnliche Fragen von dir schon öfter einen Dialog geführt, und ich musste mehrmals sagen, dass ich deine Fragen unvollkommen beantworten kann, weil ich nur über den Inhalt deines Bewusstseins, deinen Wortschatz, antworten kann.

Du sagst, ich hätte ein Fenster zum Überbewussten geöffnet. Wie kann ich mir diesen Vorgang bewusst machen, wenn ich Informationen aus deinem Feld bekomme? Auch dann, wenn mein biologisches Hirn, wie du sagst, noch lernen muss. Gleichzeitig sagst du ja auch, dass das Leben nur entstehen und erhalten werden kann durch die Informationen übergeordneter Art.

Oskar: Wir benutzen den gleichen Weg, den deine Seele von Anbeginn deiner Existenz nutzt. Es ist, wie du es nennst, das Chakrensystem. Wenn ich von einem geöffneten Fenster bei dir spreche, dann meine ich damit: Du hast ein Wissen und ein Wirken als Geistheiler entwickelt, das dir erlaubt, in dem Strom zwischen den höheren Feldern, die ihr dem Geist oder Gott zuordnet, und deiner Welt eine Vermittlerrolle einzunehmen.

Wenn ich Informationen von dir bekomme, dann ist es fast so, als wenn ich sie selbst erdenke, obwohl ich niemals den Inhalt der Information kannte. Kannst du mir bitte sagen, was da in mir vorgeht?

Oskar: Deine Seele, nennen wir es dein Unbewusstes, kann nicht direkt zu dir sprechen, deshalb benutzt sie dein Tagesbewusstsein, dein wortgebundenes Wissen und dein Vorstellungsvermögen mit Intuition und Inspiration. Ist diese Bindung, das Zusammengehörigkeitsgefühl, stark, entsteht das, was ihr die innere Stimme nennt. In Abstimmung mit deiner Seele gehe ich den gleichen Weg, der sich durch viel Übung und Vertrauen deinerseits in der Dichte der Vermittlung dann auch immer weiter verbessert.

Wenn ich dich richtig verstanden habe, findet diese Vermittlung zwischen meiner gedanklichen Wahrnehmung und den Chakren statt. Das würde bedeuten, dass die Vermittlung zwischen zwei unterschiedlichen Dimensionen, zwei anders gearteten Informationsfeldern, stattfindet, und meine Seele und du habt die Kunst der Vermittlung, der Übersetzung entwickelt.

Oskar: Nicht nur das, deine Seele und ich und viele andere Seelen und Helfer aus der Welt der Information haben von Anbeginn dafür gesorgt, dass überhaupt Leben entstehen kann und das, was ihr Evolution nennt, entstanden ist. Die Evolution ist kein Zufall, sie wurde von geistigen Wesen nach den Ideen Gottes, des Schöpfers, entwickelt.

Ich habe des Öfteren Kontakt zu einem Geistwesen, das sich Lehmann nennt, doch dieser Kontakt ist anders. Bei Lehmann ist es nicht so etwas wie eine innere Stimme, es ist mehr. Es kann sogar so weit gehen, dass er komplett mein Denken übernimmt und durch mich spricht, und ich kann mir selbst zuhören, was er sagt.

Oft sind es Informationen, die ich aus meinem eigenen Wissen heraus niemals formulieren könnte.

Kannst du mir diesen Unterschied zu deinen Informationsübertragungen erklären?

Oskar: Das könnte ich, aber ich bin für dich die Unterstützung, wenn es um Hilfestellung und Heilung geht. Meditiere und suche den Kontakt zu Lehmann, wenn du mehr erfahren willst, denn wir haben abgesprochen, dass er deine weiteren Fragen über die Entstehung des Lebens beantworten wird.

• • •

Bei Kontakten mit meinen geistigen Helfern waren schon mehrmals solche Empfehlungen oder Weiterreichungen vorgekommen. Auf die Frage, warum nicht ein geistiger Helfer alles beantworten kann, erhielt ich die Erklärung, ich solle mir ihre Ebene so ähnlich vorstellen wie unsere irdische Ebene: »Wir haben hier viele unterschiedliche Berufsgruppen, genau wie bei euch auch. Spezialisierungen und Aufgabenverteilung gibt es im Jenseitigen ebenfalls.« Also suchte ich den Kontakt zu Lehmann.

• • •

Du kennst meine Wissbegierde und hast mich schon öfter mit deinen Argumenten beeindruckt. Am Anfang unseres Dialogs hatte ich sehr große Bedenken, weil du förmlich in die Welt meiner Gedanken einbrachst und mein Denken dabei ausblenden konntest. Doch inzwischen habe ich Vertrauen zu dir, denn niemals hast du mei-

nen freien Willen beeinträchtigt. Weil es mein Wunsch ist, weiterhin einen freundschaftlichen Kontakt zu dir aufrechtzuerhalten, möchte ich heute gern wissen: Was ist der Unterschied zwischen dir und Oskar bei meinem außersinnlichen Empfang?

Lehmann: Meine Informationen für dich nehmen einen direkten Weg in dein denkendes Bewusstsein – anders als bei deinem Heilhelfer Oskar, der im Gegensatz dazu immer mit deiner Seele zusammenarbeitet. Mein direkter Weg löste bei dir anfangs Ängste und Bedenken aus, weil es dir so vorkam, als wärst du ferngesteuert.

Warum geht ihr so unterschiedlich vor?

Lehmann: Wenn Oskar dir mit deiner Seele zusammen Informationen sendet, dienen diese im Allgemeinen der Harmonisierung von Körper und Seele und ihrer physischen und psychischen Prozesse. Meine Informationen richten sich an dein denkendes Bewusstsein, ich liefere dir Hinweise, wie du anders oder besser entscheiden könntest, oder erkläre dir Zusammenhänge, die du nicht kennst. Seit einiger Zeit, seit du mehr Vertrauen zu meinen Vermittlungen bekamst und dein Bewusstsein sich weiter öffnete, sende ich dir auch Bildinformationen.

Oskar mit meiner Seele und du ohne meine Seele, das kann ich verstehen, doch alle Empfindungen, die ich dabei habe, sagen mir etwas anderes. Wenn Oskar mir hilft, habe ich ein warmes, fast freundschaftliches Gefühl dabei, bekomme ich dagegen von dir Informationen, ist es sehr nüchtern, ich empfinde dich eher als eine Art Lehrmeister. Wie kommt der Unterschied bei meinen Wahrnehmungen zustande?

Lehmann: Wie ich schon sagte, Oskar wirkt mit deiner Seele zusammen, in einem dir vertrauten Prozess, der deiner physischen Erhaltung entspricht. Das Zusammenwirken von Oskar mit deiner Seele wird somit zu einem Teil deiner Persönlichkeit, und daher das Gefühl der Freundschaft. Diese kann bei meinen Kontakten nicht entstehen, weil ich direkt auf dein geistiges und mentales Bewusstsein einwirke.

Immer wenn du mir etwas vermittelst, entstehen sofort neue Fragen. Wenn du sagst, Oskar mit meiner Seele, du ohne meine Seele, das fühle ich. Doch was ist physikalisch dabei anders? Bitte entschuldige diesen wesensfremden Ausdruck, doch ich denke nun mal gerne über bioenergetische Prozesse nach und möchte die Gesetze, die dabei mitwirken, verstehen.

Lehmann: Du brauchst dich nicht zu entschuldigen. Ich kenne deinen Wortschatz und deine Arbeit und weiß, wie du mit deinem Wissen umgehst. Ich darf dir sagen, dass ich dein Geistführer geworden bin, weil du so denkst. Denke an unseren ersten Kontakt, als du in der Meditation fragtest, wie der kosmische Einfluss und besonders jener der Planeten auf uns Menschen zustande kommt …

Nun zu deiner Frage. Ich sprach mit dir über drei Ebenen der Schöpfung – die materielle Welt, die Welt der Information und die Welt der schöpferischen Ideen. Die Menschheit hat in eurem Kosmos die meisten Naturgesetze erkannt und gelernt, sie zu nutzen. Auch wir Geistwesen haben unsere Gesetze, die uns von der schöpferischen Ideenwelt gegeben sind. Das allerhöchste Bewusstsein in der Schöpfung, der Geist Gottes, hat die Gesetze als Grundlage seiner Schöpfung erschaffen. Nur durch diese Gesetze, ich nenne sie entsprechend deinem Wortschatz »statische Information« oder feste Grundlageninformationen, werden alle anderen Informationen übertragen. Die von der Schöpfung erschaffenen Gesetze gewährleisten auch den Informationsaustausch zwischen den drei Ebenen, zum Beispiel unsere Kommunikation.

Bleiben wir bei unserer Kommunikation. Du sagst, dass du mich informierst, mit und über deinen und meinen geistigen Anteil, und dass die Information sich in meinem Denken manifestiert. Mein Denken beruht auf bioelektrischen Frequenzen, die wir auch messen können. Deine Informationen werden, soviel ich weiß, in den Chakren transformiert, modelliert, und so wird für mich deine Information bewusst erlebbar.

Kannst du mir die Informationsenergie, die du sendest, beschreiben? Denn wir können sie weder orten noch messen.

Lehmann: Wir sind jetzt an einem Punkt angelangt, der dir Schwierigkeiten bereitet, weil es sich bei dieser Transformation, die du richtigerweise in den Chakren vermutest, um für dich unsichtbare Berührungspunkte zwischen euren und unseren Dimensionen handelt.

Euer Raum-Zeit-Kontinuum umfasst vier Dimensionen, unsere Ebene der Information hat acht Dimensionen.

Wenn du eine Intuition empfängst, einen Gedankenblitz, dann kommt die Information aus der fünften Dimension. Sprichst du mit deinem Heil-Geistführer Oskar, dann benutzt er die fünfte und sechste Dimension, um die blitzartigen Intuitionen in die Länge zu ziehen. In die Länge ziehen entspricht nicht ganz der Wahrheit, aber es soll hier der Beschreibung dienen, damit der Vorgang für dich leichter verständlich ist.

Aus einem Feld, das aus mehr als euren vier Dimensionen, in unserem Falle acht Dimensionen, besteht, können Informationen nur durch noch höhere Dimensionen vermittelt werden. Das besagt, mein Wirken zu dir, zu deinem Geist, nutzt noch höhere als unsere acht Dimensionen. Wenn du die noch höheren Dimensionen dem Geist zuordnest, liegst du richtig.

So ähnlich hat mir das Oskar auch erklärt, als wir über sein Wirken sprachen. Leider habe ich keine Vorstellung, wie das geschieht. Vielleicht kommen wir dem Ganzen näher, wenn wir meine Meinung darüber als Grundlage nehmen …

Wir sind uns wohl einig, dass meine Lebendigkeit besteht, weil ich einen Körper mit Gehirn habe, der durch mein Unbewusstes, das ich der Seele zuordne, in Funktion gehalten wird. Alle Teile von mir werden meines Wissens nach vom Geist dirigiert. Deshalb sagen wir: Der Geist formt die Materie. Zwischen den drei unterschiedlichen Strukturen Seele, Körper und Geist fließen über die Seele als »Schaltzentrale« Information von oben nach unten und von unten nach oben. So, wie wir sagen: Gott erschafft alles, und der Geist Gottes sieht alles.

Können wir diese meine Auffassung als Grundlage nehmen, und wenn ja, auf welcher Basis fließen die Informationen zwischen den Dimensionen?

Lehmann: Deine Darlegung – über die Seele vom Geist zum Körper und zurück – können wir als Grundlage so stehen lassen. Nähern wir uns nun dem Übertragungsvorgang, der nicht nach euren bekannten physikalischen Gesetzen abläuft. Die von der Seele übertragenen Informationen lösen in euren materiellen Strukturen eine Reaktion aus, die in der Lage ist, bei euch energetische Prozesse ablaufen zu lassen. Ihr kennt in eurer Welt einen ähnlichen Auslöser und nennt ihn Katalysator.*

Nochmals, unsere Information aus unserem Feld wird von einer höheren Dimensionalität getragen, die bei Berührungen mit Strukturen in eurem Kosmos energetische Reaktionen hinterlässt. Die Spuren, die unsere Informationen in eurer Welt hinterlassen, betreffen Energetisches und Materielles, oder anders gesagt, eure materielle, physische Welt reagiert auf unsere Informationen.

Oskar hat mir gesagt, dass ihr mit der Urenergie als Träger für Information wirkt. Wie kann ich mir diesen Begriff »Urenergie« vorstellen? Oder müssen wir eine andere Wortschöpfung finden?

Lehmann: Urenergie ist schon richtig, solange du damit keinen Vergleich zu euren Energien anstellst.

---

* Ein Katalysator ist in der Chemie ein Stoff, der die Geschwindigkeit einer chemischen Reaktion erhöht, indem er die Aktivierungsenergie herabsetzt. Der Katalysator selbst wird dabei nicht verbraucht.

Bitte erkläre mir doch einmal den Unterschied zwischen unseren Energien und der Urenergie.

Lehmann: In unserer Informationsebene gibt es keine Zeit, keine Gravitation und auch keinen Elektromagnetismus, und selbstverständlich auch keine Masse. Jedoch gibt es eine für euer Denken unvorstellbar schnelle Vibration oder, mit einem anderen Wort, Oszillation. In eurem Kosmos breiten sich die elektromagnetischen Wellen, die ihr auch als Informationen nutzt, zum Beispiel das Licht, geradlinig aus, wenn sie nicht abgelenkt oder behindert werden. In unseren acht Dimensionen herrscht kein Wellencharakter, sondern ein unendlich schnelles Pulsieren in einem zeitlosen Raum. Alle Informationen sind »jetzt« – sofort – in unserem Feld vorhanden, im »unendlichen Überall«.

Verstehe meine Beschreibungen als Gleichnis. Immer wenn wir über unser multidimensionales Feld sprechen, vermitteln wir dir ein Wissen, das du mit deinem bestehenden Wissen nur schwer vereinbaren kannst, weil menschliches Vorstellungsvermögen auf vierdimensionalem Denken beruht.

Nun zu deiner Frage: Weil die unendlich schnelle Oszillation in unseren acht Dimensionen zu einer unendlich schnellen Ausbreitung führt, ist unser Informationsfluss mit eurem, der der Lichtgeschwindigkeit unterliegt, nicht zu vergleichen. Ich möchte dir veranschaulichen, wie unsere Informationen im Vergleich zu euren Informationen beschaffen sind. Ihr habt in eurem Kosmos als schnellste Informationsquelle die Lichtgeschwindigkeit. Wenn du die möglichen Bewegungen in eurer Materie in Verhältnis setzt zur Lichtgeschwindigkeit, hast du einen ähnlich großen Unterschied wie zwischen euren vier Dimensionen mit der Lichtgeschwindigkeit und unseren acht Dimensionen, in denen alles sofort, »jetzt«, stattfindet.

Das Jetzt ist somit unsere Lichtgeschwindigkeit.

Dieses Gleichnis kann ich gut einordnen, doch wie wird die oszillierende Urenergie so verändert, dass sie alle Informationen in unser Kontinuum übertragen kann?

Lehmann: Um deine Frage zu beantworten, möchte ich zwei Begriffe festlegen: Die Urenergie ist unser Informationsfeld, und die Materie ist euer Kontinuum. Wir werden dir die Transformationsebene zwischen Materie und Urenergie zeitlich gedehnt zeigen. Stell dir bitte das Zeitlose als ein Knäuel vor, das abgewickelt wird, oder wie ein Gummiband, das in die Länge gezogen wird, aber nur als Vorstellungshilfe.

In einer Meditation sah ich dazu in Bildern schwingende, pulsierende Felder, die sich nach allen Seiten – nach oben und nach unten, nach vorn und nach hinten – wirbelnd ausdehnten und gleichzeitig zentrierten. Ein chaotisches Pulsieren, das doch irgendwie ordnend wirkte. Es bildeten sich Strahlen, aber auch gleichzeitig Wirbel. Nachdem ich es eine Weile beobachtet hatte, erkannte ich eine Ordnung, die sich in vier Strukturen unterschiedlicher Dynamik zeigte.

Auf die Frage an Lehmann, welche Bedeutung die vier Strukturen haben, erhielt ich folgende Antwort …

Lehmann: Diese vier Transformationsimpulse aktivieren, beeinflussen eure materiellen Strukturen nach den euch bekannten und zum Teil auch nach den euch noch nicht bekannten physikalischen Gesetzmäßigkeiten in eurer Welt – hinsichtlich der bekannten und der bisher noch nicht von euch erkannten Erscheinungsformen.

Kannst du mir das Aktivieren genauer erklären?

Lehmann: Das wird schwierig, denn dieser Aktivierungsvorgang findet in den kleinsten Teilchen eurer Materie und in den Energien statt. Der Vorgang ist am Anfang für euch unsichtbar, die Urenergie nutzt ganz bestimmte Symmetrien und Gesetze. Erst wenn die hierbei aktivierten Symmetrien und Gesetze ihre Wirkung entfalten, treten für euch wahrnehmbar Erscheinungen in der Materie auf, deshalb möchte ich es dir als ein Gleichnis erklären.

Die Idee aus dem kosmischen Bewusstsein, Gott, wird in unserer Zwischenebene zu einer Art Zeichnung, einer Blaupause, zu einem energetischen Muster. Von unserer Ebene der Urenergie aus übertragen wir dieses Muster dann in eure vier Dimensionen, in alle erwünschten Erscheinungsformen eurer physischen Welt.

Was bewirken denn die vier leicht unterschiedlichen pulsierenden Felder, die du mir zeigst?

Lehmann: Wir erhalten aus der Schöpfungsebene geistige Informationen. Diese werden auf unserer Ebene der Urenergie nach universellen Gesetzen aktiviert, für eure materielle Welt festgeschrieben und über die vier unterschiedlichen Impulsfelder verdichtet. Über diese Impulsfelder erreichen und formen wir eure materiellen Strukturen und Energieformen. So können wir die schwache und starke Kernkraft, die eure Physiker schon entdeckt haben, steuern. Diese Impulsfelder nehmen auch Einfluss auf Photonen und Elementarteilchen, aus denen die Materie besteht.

Auf diesem Weg können wir, wenn das erwünscht ist, in eurem Universum elektromagnetische Felder beeinflussen, aktivieren oder erzeugen. Drei von den vier Impulsfeldern, die wir dir zeigten, können auch eure Gravitation beeinflussen.

Und was ist mit dem vierten Impulsfeld?

Lehmann: Dieses Feld ist für die Erschaffung der Zeit und die damit verbundenen Verwirklichungen in allen Abläufen der materiellen Welt zuständig. Es stabilisiert auch die drei anderen Impulsfelder, die eure Welt formen. Die so geschaffene Zeit garantiert alle physikalischen Abläufe in eurer materiellen Welt.

Du erwähnst immer die Schöpferkraft. Ist sie für uns wirklich so sehr von Bedeutung?

Lehmann: Unbedingt, denn aus der Einheit, aus Gott, entsteht die Schöpfung, das Universum. Die hochgradig pulsierende Urenergie ist nur der Vermittler.

Jetzt verstehe ich auch die Redewendung aus der christlichen Religion: »Wir sind Kinder Gottes.« Denn so, wie du mir die Schöpfung erklärst hast, geht alles in unserer Welt aus Ideen des göttlichen Bewusstseins hervor.

Lehmann: Wir haben nun in unseren Gesprächen einen Punkt erreicht, der es erlaubt, dass ich dir ein Bündel von Fragen beantworte, die du mir in den letzten Jahren gestellt hast und auf die ich bisher nur ausweichend eingegangen bin. Ich möchte über die Entstehung und Entwicklung des Lebens, des Lebens auf eurem Planeten, berichten. Nennen wir es: Die Schöpfung des Lebens aus geistiger Sicht.

In der Meditation werden wir dir Bilder schicken, die dir verschiedene Abläufe verständlich machen, wie das Leben auf eurem Planeten sich aus einem Schöpfungsprozess heraus entwickelte. So lass uns denn anfangen.

Die Geistige Schöpfung des Lebens

Schon öfter hatte ich Informationen über die Entwicklung des Lebens empfangen, die meisten im Zusammenhang mit Heilungen, wie bei diesem Fall: Erwin war fünfundfünfzig Jahre alt und hatte immer wieder Probleme mit seinen geschwollenen Gelenken, sie verursachten ihm Schmerzen. Alle Untersuchungen ergaben keinen Hinweis auf einen Verursacher, kein Rheuma, keine Arthrose, keine Arthritis und keine Entzündung. Auch ich fand keinen Verursacher, und so fragte ich mit meiner Formel nach: »Ich möchte wissen, um zu helfen. Was ist die Ursache seiner Krankheit?« Als Antwort sagte mir Oskar, Erwins Seele hätte nicht ausreichend gelernt, den Bauplan des Lebens zu überwachen und gegebenenfalls zu korrigieren. Als ich nachfragte, was ich mir unter dem Überwachen des Bauplans vorstellen kann, bekam ich folgende Erklärung …

Oskar: Ich kann dir das nur im Rahmen deiner bisher erworbenen Vorstellungen erklären, weil du mit deiner Lebenserfahrung die seelische Verwirklichung noch nicht nachvollziehen kannst. Mit deinem Wissen und deiner bisherigen Lebenserfahrung würdest du es so ausdrücken: Für alle körperlichen Strukturen existiert ein Bauplan, für alle energetischen Systeme ein Schaltplan. Bei Erwin sind die Pläne an einer Stelle aber gewissermaßen nur verschwommen zu erkennen. Stell dir eine Zeichnung vor, auf die einige Wassertropfen gefallen sind, so dass die Skizze verwaschen ist. Für deinen Klienten Erwin bedeutet das: Seine Seele hat in ihrer Entwicklung bestimmte Erkenntnisse noch nicht gesammelt, sodass sie einen unleserlichen Plan nicht deuten und gegebenenfalls korrigieren kann.

Nach dieser Durchsage bekam ich die Anweisung: Lege deine Hände auf seine Brust und stärke sein Herzchakra, wir werden nach geistigen Angaben den Plan an den Stellen, die die Seele nicht erkennt, neu zeichnen. Als die geistige Korrektur erfolgt war, verschwanden bei dem Klienten im Laufe von drei Monaten alle Symptome.

Mehrmals hatte ich ähnliche Heilerlebnisse, bei denen eine Korrektur am Bau- oder Schaltplan vorgenommen wurde. Als ich einmal fragte, ob das etwas mit den Genen zu tun hätte, sagte man mir …

Oskar: Es sind keine Erbkrankheiten oder Mutationen, es handelt sich nur um Wissenslücken oder Unerfahrenheit der Seelen, weshalb sie selbst nicht in der Lage sind, Korrekturen an der Matrix vorzunehmen.

Wenn ich bisher um Aufklärung über den Schöpfungsprozess bat, erhielt ich immer nur ausweichende Antworten. Deshalb war ich innerlich hoch angespannt wegen Lehmanns Aussage, mir die Entstehung des Lebens aus seiner Sicht zu erklären. Und es geschah genauso, wie er es mir angekündigt hatte: In vielen Tiefenmeditationen mit Durchsagen und auch mit Bildern, teilweise wie ein Dokumentarfilm, entstanden vor meinem inneren Auge Strukturen mit formgebender Information. Doch die stärksten Eindrücke hinterließen bei mir Bilder und Erklärungen bei Heilungen, weil ich durch diese besser verstehen konnte, wie physische und auch psychische Korrekturen, Heilungen, durch den Geist zustande kamen. Nur der ganze Vorgang – vom Geist über die Seele bis zum Körper und in das Bewusstsein des Menschen – war mir noch nicht so verständlich, wie ich es mir wünschte. Deshalb war ich voller Erwartungen, was Lehmann mir mitteilen würde.

Der erste Zyklus, in meditativer Schulung über die Entstehung des Lebens durch den Geist, erstreckte sich über mehrere Monate. Wie ich schon erwähnte, sind das keine Gespräche, wie wir Menschen sie führen, es ist eher eine Beantwortung von Fragen durch entsprechende Erklärungen. Es gab Phasen, da waren bis zu zehn Meditationen für eine Frage erforderlich. Dieser langwierige Prozess bietet aber auch Vorteile. So konnte ich alles schrittweise notieren und mir Fragen für spätere Meditationen in Ruhe überlegen.

In meiner ersten Trance-Sitzung über den Zyklus des Lebens befand ich mich zusammen mit etwa zwanzig anderen Teilnehmern in einem visuellen Schulungsraum. Auf einem

Podium vor uns stand ein Lehrer, wie ein Mensch in voller Lebensgröße, den ich deutlich sprechen hörte. Noch nie hatte ich in meinen meditativen Visionen ein solch klares Bild gesehen, und noch nie zuvor hatte ich darin jemand so deutlich sprechen hören. Heute, nachdem ich noch viele weitere außersinnliche Erfahrungen gemacht und mit vielen anderen Sensitiven darüber gesprochen habe, ist mir bewusst, wie außerordentlich intensiv wir aus anderen Dimensionen beeinflusst und, wenn erforderlich, auch unterrichtet werden.

Die Tatsache, dass ich mich zusammen mit anderen Menschen in diesem »Astralen Klassenzimmer« befand, gibt einen Hinweis darauf, wie die Synchronizität der Ereignisse entsteht und warum beispielsweise mehrere Menschen zur gleichen Zeit dieselben Erkenntnisse gewinnen, dieselben Entdeckungen oder Erfindungen machen. Wir Menschen werden einzeln oder gemeinsam unterrichtet, zum Beispiel durch Inspiration oder Intuition oder Visionen. Das Erstaunliche an diesen Sitzungen war, dass alles Gesagte und Erlebte sich mir einprägte, als hätte ich es physisch erlebt und alles auswendig gelernt.

Das Erste, was der Lehrer sagte, war …

»Wir haben euch hier zusammengerufen, weil ihr wissen wollt, was der Sinn des Lebens ist. Diese Frage können wir euch nur in euren Begriffen und Worten erklären, weil ihr nur ein begrenztes Bewusstsein, ein Teilbewusstsein habt. Mit der Zeit, um einen Begriff aus eurer Vorstellungswelt zu benutzen, wird sich euer Bewusstsein verändern und ihr werdet erkennen, dass ihr schon immer wart und immer sein werdet. Ihr seid für die Ewigkeit geschaffen – unvorstellbar, aber es ist so. Eines Tages wird euer Bewusstsein frei von allen Begrenzungen durch Raum und Zeit sein.

Doch zurück zu euren Fragen. Wir sagten euch schon, dass ihr ein begrenztes Bewusstsein habt, so dass wir nur an euer Bewusstsein angepasst Erklärungen abgeben können. Doch wir nutzen eure kreative Vorstellungskraft und werden euch, wenn es angebracht ist, mit Bildern das erklären, was ihr noch nicht kennt. Wir werden das gleiche Modell als Erklärung benutzen, das du in einer andern Sitzung schon einmal erfahren hast.«

Mit Lichtbildern verdeutlicht, wurde uns ein dreiteiliges Bild für die Begriffe Körper, Seele, Geist gezeigt, mit folgender Erläuterung …

»Bitte stellt euch vor, dass das, was ihr Gott, Schöpfer, Weltengeist oder kosmisches Bewusstsein nennt, aus einer unendlich schnellen Schwingung wirkt. Das höchste Bewusstsein, das ihr Gott nennt, ist also eine unendlich schnelle Schwingung. Da ihr den Begriff unendlich nur umschreiben könnt, könnt ihr Gott nicht denken. Er ist für euch nur innerlich erfahrbar, wie wir später erklären werden, doch ihr könnt an Gott glauben.

Mit den unendlich schnellen Schwingungen seid ihr ständig verbunden, denn sie sind die Grundlage des Lebens und des ganzen Universums. Durch die unendlich schnelle Schwingung aus der Welt der Schöpfung werden auch Raum und Zeit unendlich schnell, es ist das *Ewige Jetzt*, wie ihr es nennt. In diesem *Ewigen Jetzt* sind Vergangenheit und Zukunft eine Einheit, eine ewige Gegenwart. Somit sind alle Ideen der Schöpfung, zu jeder Zeit, an jedem Ort stets gegenwärtig.

Aus dieser unendlich schnellen Schwingung des Alleinigen werden die Informationen, ihr könnt sie auch Gedanken Gottes nennen, nach universellen Gesetzen in wahrnehmbare, für euch messbare Schwingungen transformiert. Nennen wir diese höchste Dimension mit euren Worten die Welt der Ideen oder des kreativen Geistes. Am tiefsten Punkt der Schwingung, in der Materie, trifft die geistige Information auf das physische Universum. An diesem Berührungspunkt setzt die Beseelung ein.

Jede Information, die aus dem göttlichen Bewusstsein kommt, wird durch den Geist über das seelische Bewusstsein in das physische Universum übertragen. Das Wirken des kreativen Geistes wird durch die Beseelung in die passive Welt getragen und so zu eurer Wirklichkeit. Durch diese Vermittlung werden die endlichen Schwingungen, wird alles Physische (passiver Geist) in Schwingung versetzt und dadurch sichtbar. Alles in der euch bekannten und noch nicht erkannten Welt ist beseelt. Alle Seelen fungieren als Dolmetscher, übersetzen den Schöpfungsplan in das Physische und transformieren gleichzeitig alle Information aus dem Physischen ins Geistige zurück. Dabei werden alle Schwingungen von der Seele zurück in unendliche Schwingungen transformiert.

Es gehört zur seelischen Grundausbildung, diese Vermittlung zwischen Geist und Materie und Materie und Geist in allen Bereichen des Universums zu verstehen. Ihr aber, die wir hier zusammengerufen haben, seid Individualseelen und werdet für weitere Aufgaben ausgebildet. Ohne eure seelische Grundausbildung zur Beherrschung der Materie wärt ihr nicht in der Lage, euren Körper mit allen seinen chemischen Verbindungen aufrechtzuerhalten.«

Wie Leben entsteht

In meiner Astralen Gruppe durchlief ich mehrere meditative Sitzungen und musste anschließend einiges neu bedenken. Bei diesen außersinnlichen Reisen wurde nur vorgetragen, und ich konnte keine Fragen stellen, aber es kam mir auch gar nicht in den Sinn nachzufragen, weil das in tiefer Entspannung nicht möglich ist.

Nachdem ich meine Notizen im Anschluss an die Meditation geordnet hatte, beschloss ich, mich an Lehmann, meinen Geistführer, zu wenden. Meine erste Frage an ihn lautete, ob meine medial empfangenen Eindrücke, bei denen ich den Eindruck hatte, mich in einem Raum mit etwa zwanzig Teilnehmern zu befinden, real gewesen waren.

Und ich wollte wissen: Trifft es zu, dass wir eigentlich ständig vom Geist geschult werden, obwohl wir es normalerweise gar nicht bemerken?

Lehmann: Diese außersinnliche Vortragsreihe sollte dich nur auf ein Thema vorbereiten, das wir gemeinsam besprechen werden. Seit Langem suchst du schon nach Erklärungen über die Entstehung des Lebens aus geistiger Sicht. Deine Frage kann ich mit Ja beantworten, jegliches Leben wird vom Geist betreut, und ihr Menschen mit einer Individualseele werdet auch in Gruppen unterrichtet, wie du es wahrgenommen hast. Eure Seelen beherrschen die Transformation in vielen bewussten und unbewussten Einblendungen in euer Denkvermögen. Das können wegweisende Träume sein, Ahnungen oder gefühlsmäßige Empfindungen, wie auch Visionen, Intuition und Inspiration, für Begabte auch in Form von Astralreisen oder durch direkte mediale Kontakte zu uns geistigen Helfern. Das, was du in dieser Gruppe erlebt hast, ist die ganz normale Weitergabe von Informationen. Weltweit werdet ihr aus dem Geistigen informiert, zu vielen Themen, als Einzelpersonen und auch in kleinen oder größeren Gruppen. Üblicherweise merken die Menschen es nicht, es sei denn, sie haben gelernt zu meditieren und verfügen über bestimmte Voraussetzungen/Talente.

Was sind das für Voraussetzungen?

Lehmann: Mit jedem Leben lernt die Seele besser und besser, den Körper und das zentrale Nervensystem zu vervollkommnen. Wie du selbst herausgefunden hast, wird dabei euer Seelenvermögen mit Hilfe bestimmter Programme, wie du es nennst, optimiert.* Wenn auf diesem Weg der Vervoll-

---

* Genauere Informationen hierzu finden Sie in meinem Buch *Die 12 Programme des Bewusstseins*, AMRA Verlag, Hanau 2018, das die spezifischen Programme betrachtet, die wie eine Art ständiger Hintergrundmusik unwillkürlich unser Verhalten bestimmen.

kommnung der Wunsch entsteht, das Tagesbewusstsein und das für ein bestimmtes Leben trainierte Gehirn in eine außersinnliche Wahrnehmung mit einzubeziehen, entwickelt sich Medialität.

Darf ich zu dem mir gezeigten Modell noch einige konkrete Fragen stellen und die Bitte äußern, keine ausweichenden Antworten zu bekommen?

Lehmann: Wie ich dir schon vor einigen Monaten sagte, werde ich über die Entstehung des Lebens aus geistiger Sicht alles beantworten, was du an Fragen stellst. Ich möchte nochmals betonen, dass ich dir deine Fragen nur im Rahmen deines Wissens und Wortschatzes und deines Vorstellungsvermögens beantworten kann. Besonders die Bedingungen in unserer Informationswelt und in der Welt der Ideen werden bei dir Lücken des Verstehens entstehen lassen. Das liegt aber nur an eurer begrenzten Wahrnehmung, die einzig auf eure Welt bezogen ist.

Ich bedanke mich und freue mich schon auf die vielen Antworten auf meine Fragen. Lass uns bitte gleich beginnen. Bei meinen meditativen Visionen habe ich Strahlen gesehen, die in die Materie eindrangen. Was kann ich mir darunter vorstellen?

Lehmann: Das war deine Wahrnehmung davon, wie eine Seele aus dem Geist über unser Informationsfeld die Strukturen und Bedingungen in der materiellen Welt erkundet. Das ist, eurem zeitlichen Empfinden nach, ein ungemein langer Lernprozess für die Seele.

Was meinst du genau mit einem ungemein langen Prozess und warum ist das so?

Lehmann: Jede Seele ist vom Geist erschaffen, um selbstständiges Bewusstsein, das ihr Leben nennt, in den niederen, begrenzten Dimensionen zu entwickeln und zu formen. Ihr erster Schritt ist ein Studium der energetischen und atomaren Gesetze. Sie muss lernen, alle, auch die allerkleinsten Elementarteilchen zu ergründen und ebenso die Bedingungen, die Gesetze verstehen lernen, wie sich Atome untereinander verhalten und wie sie sich unter welchen Bedingungen zu Molekülen verbinden. Dieses Studium der Materie, mit ihren energetischen Möglichkeiten, bildet die Voraussetzung für ein Lebewesen, um seine energetischen und chemischen Prozesse steuern zu können. Um deine Frage vorwegzunehmen: Für diese Ergründung benötigt eine Seele, unter wechselnden Bedingungen, nach eurer Zeit bis zu einer Million Jahre.

Und was kommt danach?

Lehmann: Der nächste Schritt besteht darin, dass Atome und Moleküle mit Speicherstrukturen darauf vorbereitet werden, geistig-seelische Informationen empfangen zu können. Dabei geht es um deren elektromagnetische Anpassung und Nutzung in atomaren und molekularen Strukturen und um Kristallisation. Es entsteht ein Übungsfeld, ein seelischer Außenposten in der Materie, eine Art Plattform für den Geist der Schöpfung in eurem Raum-Zeit-Kontinuum. In solch einem verdichteten Raum der Schöpfung, mit seinen ganz eigenen zeitlichen Abläufen, sammelt jede Seele Erfahrung für die Erschaffung von Bewusstsein, für die Erschaffung von Leben.

Eine Plattform für den Geist – was kann ich mir darunter denn genau vorstellen?

Lehmann: Jede Seele, vom Geist der Schöpfung erschaffen, mit vermittelndem Bewusstsein ausgerüstet, dient dem Geist, um in unterschiedliche Dimensionen vorzudringen und dort Bewusstsein unterschiedlicher Art zu erschaffen. Sind die Bedingungen für Bewusstsein ergründet, entwickelt die Seele mit dem Geist zusammen daraus einen Entwicklungsplan, eine Verwirklichungsstrategie. Es vollzieht sich die Selbstverwirklichung der Seele, einschließlich eines dazu erschaffenen Höheren Selbst. Dieses Höhere Selbst dient als geistige Anknüpfung an das allumfassende Bewusstsein. Beide zusammen, die geistige Instanz des Höheren Selbst und die Seele, verwirklichen nun in den durch das Bewusstsein der Seele ergründeten Strukturen einen Schöpfungsplan zur Entwicklung von Bewusstsein in der Materie.

Ich möchte dazu meine Gedanken einbringen. Wir sprachen schon einmal über die unterschiedlichen Dimensionen in der Schöpfung, vier Dimensionen in unserer materiellen Welt, weitere vier Dimensionen in der Welt der Information, in der du wirkst, und abermals vier Dimensionen in der Welt der Schöpfung, dem Gottesbewusstsein. Hierzu jetzt meine Frage: In welchen Bereich ist das Höhere Selbst einzuordnen?

Lehmann: Das hohe Bewusstsein der Schöpfung umfasst die neunte bis zwölfte Dimension. In der neunten Dimension sind alle Höheren Selbst »angesiedelt«. In der zehnten Dimension gibt es ein Kollektivbewusstsein von allen Höheren Selbsten, ich möchte sie für dich hier einmal die Vereinigung aller Höheren Selbste nennen. Dort wird über die Entwicklung und Aufgaben eines Höheren Selbst sowie über Schicksal und Karma entschieden, nach den Gesetzen aus der elften und zwölften Dimension, der göttlichen Schöpfung.

Das Höhere Selbst ist demnach das, was wir den Geist in uns nennen. Wenn wir vom Geist des Menschen sprechen, meinen wir das Höhere Selbst. Kann ich mir das Zusammenwirken von Seele und Geist so vorstellen, dass der Geist die Seele benötigt, um in den niederen Dimensionen Wirkung zu erzielen, und dass die Seele mit weniger Dimensionen ausgerüstet ist als der Geist, und zwar deshalb, weil die unendlich schnellen Schwingungen aus dem Geist nur sehr schwer oder begrenzt auf die dumpfen Schwingungen der Materie einwirken können? Deshalb dient die Seele als Transformator, als Übersetzer, sehe ich das so richtig?

Lehmann: Wenn du die Seele als Dolmetscherin, Übersetzerin betrachtest, ist das nach eurer Denkweise richtig, weil ein Dolmetscher Wissen und Erfahrung benötigt, um Informationen zu vermitteln. So ist es auch bei der Seele mit ihrem Seelenbewusstsein. Sie ist in der Lage, Informationen aus eurer Welt (vier Dimensionen) in die Welt der Information (acht Dimensionen) zu übertragen und weiter in die höheren geistigen Dimensionen. Erfahrene Seelen, die sich in vielen

Reinkarnationen zusammen mit dem Höheren Selbst entwickelt haben, beherrschen alle Transformationen in beiden Richtungen. Junge Seelen und auch ein Höheres Selbst mit wenig Erfahrung, was die Bedingungen in der Materie angeht, haben oft Probleme, biologische Systeme zu delegieren und ein eigenverantwortliches Bewusstsein im physischen Leben zu entwickeln. Auf den Menschen bezogen führt dann Unerfahrenheit zu Krankheiten, die ohne äußere Einwirkung im Organismus entstehen, sowie zu psychisch-seelischen Auffälligkeiten und Unvernunft.

Sind das Höhere Selbst und die Seele immer gleich alt, im Sinne menschlicher Denkweise? Oder können beide unterschiedliche Erfahrungen gemacht haben?

Lehmann: Das Höhere Selbst und die Seele sind vom göttlichen Bewusstsein erschaffen worden mit dem Ziel, gemeinsam Bewusstsein, Selbstverwirklichung in der physischen Welt zu erschaffen – im Raum-Zeit-Kontinuum, wie ihr eure Welt nennt. Beide bilden eine dauerhafte Einheit und entwickeln Bewusstsein in niederen Dimensionen, und zwar durch den von der Schöpfung vorgegebenen Prozess, Bewusstsein in Form von Leben zu erschaffen. Das Höhere Selbst dient dabei als Erfahrungsspeicher, zeichnet alle Eindrücke aus der irdischen Welt auf und zieht daraus seine Schlüsse. Die Seele entwickelt Wissen und Können in der Transformation, in der Informationsvermittlung. Dabei ist es für sie besonders schwierig, die Strukturbildung von psychisch-seelischen Mustern bei euch Menschen zu meistern.

Die Seele überträgt den geistigen Strom von Informationen aus dem Höheren Selbst auf die Energien und Frequenzen, die für das Leben in der Materie vorgesehen sind. Nicht nur das, sie verbindet geistige Energie und Information auch mit allen irdischen Energien, sie entwickelt ein Kommunikationsnetz zwischen dem Geist und allen in eurer Welt bekannten und noch unbekannten Energien.

Über große Zeiträume entsteht so Bewusstsein auf drei Ebenen. Das Höhere Selbst zeichnet alle erfolgreichen und weniger erfolgreichen Einwirkungen auf. Die Seele entfaltet ihr Bewusstsein durch die Vermittlung von Information, mit einer immer stärker werdenden Bindung an das im materiellen sich entfaltende Bewusstsein des Lebens. Es ist vorgesehen, dass die drei Bezugsebenen eine für alle Seiten verständliche Kommunikation entwickeln, so dass jede der drei Ebenen sich auf den jeweils anderen Ebenen gewahr wird und sie irgendwann zu einer Bewusstseinseinheit verschmelzen.

Du sagtest, dass die Seele für die ersten Ergründungen in der Materie Millionen Jahre benötigt. Welches Alter hat eine Seele denn erreicht, wenn sie sich aller Dimensionen bewusst wird?

Lehmann: Wir sollten erst einmal die Entstehung des Lebens und die damit verbundenen Erkenntnisse und Verwirklichungen beleuchten. Der Übersicht halber möchte ich die Entstehung höheren Lebens in sieben Phasen beschreiben:

1. Das Studium der subatomaren Welt mit den Elementarteilchen und allen Energieebenen wie Gravitation, Magnetis-

mus, Elektrizität, dem gesamten elektromagnetischen Spektrum in euer Welt sowie das Ergründen der ungeladenen und geladenen Teilchen mit den Gesetzen der Atome.

2. Das Studium der Materie, der Atome und Moleküle, die physikalische Chemie und die Kristallisation, einschließlich aller informativen Speicherkräfte in den materiellen Strukturen und ihren Energien.
3. Die Erschaffung der Grundlagen für höheres Leben, angefangen bei Viren, Bakterien, Pilzen, sowie das gesamte Feld der Mikroorganismen, der einfachen Einzeller.
4. Die Entwicklung verschiedener Zellen mit ihren unterschiedlichen Aufgaben, vom Einzeller zum Zellverbund, sowie die Entwicklung der Photosynthese.
5. Die Entwicklung von einem Zellenverbund mit unterschiedlichen Zellfunktionen (Organe) von den niederen bis zu den höchsten Organismen.
6. Die Entwicklung von Pflanzen und Tieren im Verbund mit niederen Organismen, die Verwirklichung von Symbiosen.
7. Die Entstehung des Menschen und seine Entwicklung.

Danke, dann stelle ich nun gerne nochmals die Frage: Bei meinen Visionen habe ich am Anfang so etwas wie Suchstrahlen in der Materie gesehen. Bitte erkläre mir, was das bedeutet, besonders weil du sagtest, der Vorgang würde für eine Seele Jahrmillionen dauern.

Lehmann: Ich sprach dabei auch von der Suche nach einer Plattform für den Geist. Damit meine ich die Grundlage für entstehendes Bewusstsein in der Materie.

Das seelische Studium der materiellen Grundlagen

Wie kann ich diese Grundlage für Bewusstsein verstehen?

Lehmann: Das Bewusstsein einer Seele ist für euch so etwas wie ein Außenposten des Geistes. Das Höhere Selbst sucht zusammen mit der Seele in den Strukturen der Materie mit ihren Gesetzen, also in eurer materiellen Welt, nach Speichermöglichkeiten. Es geht darum, die Ideen des Geistes formend in die verschiedenen materiellen Strukturen einzubringen und sie zu speichern.

Wie kann ich mir das Speichern und Formen vorstellen?

Lehmann: Damit sind unterschiedliche Möglichkeiten gemeint, Informationen zu speichern. Es geht darum, noch die kleinsten Einheiten von Energie und Materie, aus der eure Welt besteht, mittels geistiger Informationen zu steuern. Es sind dies die Wirbel und Wellenmuster in eurer Welt, die miteinander agieren und ihrerseits untereinander Verbindungen eingehen und auslösen können. In der Vielzahl von Wirbeln und Wellenmustern, zum Beispiel denen der Quanten, sucht die Seele nach Resonanzen. Sie muss am Anfang lernen, in Einklang mit den Gesetzen, nach denen eure Welt aufgebaut ist, Resonanz aufzubauen. Die Seele übt sich darin, die geistigen Informationen strukturbildend in Energie und Materie einzubringen und sie auch unter diesen Bedingungen zu speichern. So lernt die Seele allmählich, sich an die Wirbel und Wellenmuster der Materie anzupassen, und entwickelt gleiche Schwingungsmuster, um mit der Welt der Erscheinungsformen in Resonanz zu gehen.

Dieser Vorgang dauert Jahrmillionen, weil die Bedingungen für die Seele am Anfang chaotisch – Myriarden unterschiedliche atomare und molekulare Bindungen – sind, und sie es deshalb zunächst schwer hat, über die entwickelten Resonanzen Informationen in energetischen und materiellen Strukturen zu hinterlassen. Es ist ein sehr aufwendiger Prozess, formend, ordnend in das Chaos einer unbelebten Energie- und Materiestruktur der Elemente einzugreifen.

Was verstehst du unter den Strukturen der Elemente?

Lehmann: Es handelt sich um bestimmte Anordnungen, Gruppierungen von Atomen, die ihrerseits auch in Wechselwirkung mit Quanten und anderen Elementarteilchen stehen. An erster Stelle sind dies Kristallstrukturen und Materie, die mit Magnetismus und Elektrizität Beziehungen eingehen können. Nur durch ein Studium der Möglichkeiten, wie aus dem Seelischen heraus Materie zu formen ist und wie durch das Speichern von Informationen die Grundlagen für ein Bewusstsein geschaffen werden, kann ein solches sich selbst verwirklichendes Bewusstsein in der Materie entstehen.

Kannst du mir das ein wenig genauer erklären? Zum Beispiel erwähntest du Kristallstrukturen und deren Nutzung. Was ist darunter zu verstehen?

Lehmann: Die meisten Elemente bilden mit ihren Atomen (wenn du sie sehen könntest) eine strukturelle Anordnung, die von Element zu Element unterschiedlich ausfällt. Diese Anordnungen der Atome bilden untereinander ein Spannungsfeld, das weitere Atome veranlasst, sich dem Muster anzupassen, und so beginnt die Struktur zu wachsen und behält weitgehend die Form einer Gitterstruktur bei, vom Kleinsten bis zum Größten. In diesen Gitterstrukturen mit ihren energetischen Spannungsfeldern entstehen Resonanzen zu verschiedenen anderen Energien, und das nutzt die Seele, indem sie ihre Informationen dem Spannungsfeld der Kristallstrukturen aufprägt. Diese aufgeladenen energetischen Informationen können dann von der Seele jederzeit abgerufen werden. Da kristalline Strukturen die Fähigkeit besitzen, eindringende Energien, einschließlich der Informationen, zu speichern und wieder abzugeben und auch in andere Energien umzuwandeln, lernt die Seele auf diese Weise, Informationen mittels Kristallen zu steuern.

Welcher Sinn steht dahinter, in Kristallen gespeicherte Energie für Informationen zu nutzen?

Lehmann: Zur Aufgabe jeder Seele gehört es, Information vom Geist zur Bewusstseinsbildung in die Materie zu übertragen, und dabei nutzt sie bestimmte atomare und auch molekulare Strukturen. Die verschiedensten Formen und Verbindungen der Materie bieten der Seele das Fundament zur Speicherung und Wiedergabe von Informationen. Weil bestimmte materielle Strukturen, hauptsächlich Kristalle, auch zur energetischen Wandlung für Energie und Information genutzt werden können, gebrauchen Geist und Seele diese Prozesse, um geistige Informationen in die Materie einzubringen und sie auch wieder abrufen zu können. Geist und Seele sind auf diesem Weg in der Lage, bewusst Reaktionen in atomaren und molekularen Strukturen auszulösen.

Dies ist die Grundlage für jede Lebensform, denn nur so können Geist und Seele die lebensnotwendigen chemischen Prozesse anregen und steuern. Parallel oder gleichzeitig lernt die Seele den Umgang mit den elektromagnetischen Energien und deren Steuerung, denn auch diese sind zur Entstehung von Bewusstsein (Leben) in eurer Welt absolut erforderlich.

Wenn ich das richtig verstanden habe, lernt die Seele, über lange Zeiträume geistige Informationen als Steuerelemente für energetische, atomare bis hin zu molekularen Prozessen einzusetzen. Sie kann somit energetische Felder und materielle Formen nach ihren Vorgaben manipulieren. Was ich noch nicht verstanden habe ist der Vorgang, wie alle seelischen Informationen, oder muss ich Energien sagen, aus höheren Dimensionen kommen. Wie ist der Vorgang selbst zu verstehen, durch den die Seele mit ihren Mustern in die physikalischen Prozesse unserer Welt eingreift?

Lehmann: Über diesen Vorgang, die Berührung unterschiedlicher Dimensionen, haben wir schon gesprochen, zum Beispiel, als es darum ging, wie die Urenergie (höheres Bewusstsein) mit ihren Vibrationen Elementarteilchen in eurer Welt in Bewegung versetzt und somit bestimmte Reaktionen auslöst. Die Frequenzen der Seele – ich nenne sie mal so, weil ihr keinen Begriff habt, der die Vibrationsmuster höheren Bewusstseins beschreibt – zwingen Quanten, Elektronen und anderen Teilchen bestimmte Verhaltensweisen auf. Die so programmierten Elementarteilchen stimulieren dann ihrerseits andere Bausteine der Materie: Atome, Moleküle, bis hin zu Kristallbildung und molekularen Bindungen.

Über diesen Vorgang steuert die Seele mittels der in eurer Welt bestehenden physikalischen Gesetze die schwache und starke Kernkraft – immer mit dem Ziel, Strukturen in der Materie zu schaffen, die es ihr ermöglichen, Bewusstsein zu entwickeln. Das ist der wesentliche Vorgang.

Warum betonst du so sehr das Bewusstsein in der Materie?

Lehmann: Bewusstsein in eurem Raum-Zeit-Kontinuum zu schaffen ist die Grundlage des Lebens. Ohne die Speicherung geistiger Informationen in den Elementen eurer Welt konnte die Selbstverwirklichung von Leben nicht entstehen. Es wurden molekulare Gruppierungen erschaffen, die mit und durch elektromagnetische Felder gewisse Reproduktionen zuließen. Im weiteren Sinne spreche ich hier von Kristallisation in Flüssigkeiten, ihr nennt sie Flüssigkristalle, die in der Lage sind, Elementarteilchen, Elektronen, Quanten und dergleichen zu speichern und, wenn sie abgerufen werden, wieder mit all ihren Informationen freizugeben.

Sehe ich das richtig, in Flüssigkeiten aufgelöste Kristallstrukturen sind die Basis für die Entstehung des Lebens?

Lehmann: Ja, wenn du davon ausgehst, dass Geist und Seele über Ionen und Quantenbewegung Atome zur Kristallstrukturbildung anregen und diese Informationen wieder abrufen lassen und damit sogar anregend auf andere Materieteilchen einwirken, dann liegst du richtig.

Das klingt ja wie eine Vererbung bei Lebewesen.

Lehmann: Nur dass es noch kein Leben ist, aber es sind die energetischen Grundlagen für Prozesse, die das Leben benötigt.

Ich nehme an, dass diese Prozesse nur im Wasser stattfanden.

Lehmann: So war es bei euch. Die Vorstufen des Lebens auf der Erde entstanden in den Meeren der Urzeit.

Atome, Moleküle und die physikalische Chemie

Wie ging es dann weiter, nachdem Geist und Seele atomare und molekulare Strukturen gefunden hatten, in denen Informationen gespeichert und wieder abgegeben werden konnten?

Lehmann: Auf dieser Basis von Informationsspeicherung und Informationsabgabe mussten chemische Verbindungen gefunden werden, die wiederum von Informationen gesteuert werden können. Die Bedingungen vor der Entstehung des Lebens waren damals völlig anders als heute. Die Urmeere waren überladen mit chemischen Substanzen, und das auch noch regional sehr unterschiedlich.

Der Schöpfungsplan sah vor, die ersten Speicherungen von Informationen, die rein energetisch waren, zusätzlich auf chemische Verbindungen zu übertragen. Du kannst dazu chemisches Gedächtnis sagen. Die Seelen erprobten dann, welche der vielen chemischen Verbindungen sich einerseits durch Informationen steuern ließen und andererseits die empfangenen Signale auch weiterleiten konnten. Und zusätzlich musste eine Organisation der Informationen gefunden werden, die es erlaubt, noch auf kleinstem Raum unterschiedliche chemische Prozesse ablaufen zu lassen.

Über Millionen von Jahren gelang es dann den Seelen, ein Informationssystem zu erschaffen, das sich abhob von euren elektromagnetischen Feldern der Erde und denen aus dem Kosmos. Es wurde ein in eurer Welt bis dahin fremdes Informationssystem entwickelt, das von der Seele beherrschbar war und es ihr ermöglichte, eure Welt mittels eurer Gesetze nach und nach zu strukturieren.

Ich ahne, was für eine Informationsenergie das ist. Liege ich richtig, wenn ich sage, dass es die Energie ist, die wir den Chakren und der Kundalini zuordnen?

Lehmann: Mit der Energieart liegst du richtig, nur dass die ersten Entwicklungen auf extrem kleinem Raum stattfanden. Sie waren und sind darauf ausgerichtet, die Urenergie, mit der eine Seele wirkt, in Resonanz zu bringen mit der Materie und deren Energien, die wir auf der Erde vorfinden. Wie ich schon erwähnte, entwickelten Geist und Seele über verschiedene atomare Gitterstrukturen, die ihr Flüssigkristalle nennt, ein Resonanzverfahren. Eine weitere Entwicklung gelang über ring- und spiralförmige Anordnungen von Molekülen, die aufgrund ihrer Anordnung Quanten und Elektronen mit der Seelenenergie zum Fließen brachten. Das Ergebnis waren spiralförmige Anordnungen, die euch heute sehr vertraut sind, ein Strang molekularer Verbindungen, die später zur Entstehung jener Struktur führten, die ihr DNA nennt.

Sind die Strukturen der DNA also eine Empfangsstation für Geist und Seele?

Lehmann: Nur indirekt. Die Resonanzfelder für Geist und Seele sind in den Symmetrien der atomaren und molekularen Strukturen, in den Kristallgittern und den elektromagnetischen Spannungen vorhanden.

Wir möchten betonen, dass alle Informationen von Geist und Seele, die eine Resonanz in der Materie hervorrufen, ihren Niederschlag in der physikalischen Natur finden und genutzt werden, um chemische Prozesse auszulösen. Über diesen Vorgang haben Geist und Seele alle Möglichkeiten, physikalisch steuernd chemische Reaktionen und materielle Strukturen zu formen und auch aufrechtzuerhalten.

In vollendeter Form wurde der molekular-chemische Ausdruck in den Anordnungen für die DNA entwickelt. Dieser molekular-chemische Aufbau bietet zwei Möglichkeiten: Geist und Seele nutzen die Ladungen und Anordnungen der Atome und steuern damit molekular-chemische Prozesse, in optimaler Form als Gedächtnisspeicher. Dieses Gedächtnis, ich möchte es Programmierung nennen, bietet die Möglichkeit, identische Kopien zu erzeugen.

Es gab also eine Vorstufe zur DNA bei der Entwicklung des Lebens: bestimmte molekular-chemische Reaktionen, wobei es sich im Vergleich zur späteren DNA um winzige Elemente handelte – immer mit dem Ziel, göttliches Bewusstsein, den Geist der Schöpfung, in die Dimensionen der Materie mit ihren Energien zu transformieren.

Muss jede Seele solch einen Entwicklungs- und Erkenntnisprozess durchlaufen, oder bekommt sie alle nötigen Informationen dazu von erfahrenen Seelen vermittelt?

Lehmann: Etwas möchte ich zu dieser Frage klarstellen: Bei der Entwicklung von Bewusstsein, egal in welcher Form und Dimension, gilt das Vorsagen nicht! Eine Seele muss den ihr vorgegebenen Entwicklungsprozess »praktisch« erarbeiten, Selbstverwirklichung lernen.

An anderer Stelle hast du gesagt, alles ist beseelt. Muss eine Seele denn immer alle Stufen der Entwicklung durchlaufen – und ich meine damit die gesamte Evolution auf der Erde?

Lehmann: Jede Seele hat einen, wenn auch begrenzten freien Willen und Mitsprache und kann bestimmte Stufen langsamer oder schneller durchlaufen, aber immer mit der Tendenz in Richtung Vollkommenheit. Dabei muss sie alle Stufen durchlaufen, von dem bisher Gesagten und weiter über die Stufen, über die wir noch sprechen werden, bis hin zum menschlichen Bewusstsein und darüber hinaus.

Du sagtest, nach unserer Zeitrechnung benötigt eine Seele Tausende bis Millionen Jahre bis zur Vorstufe einer DNA. Kannst du mir den Grund dafür noch einmal erklären?

Lehmann: Ein wesentlicher Grund besteht darin, aus der Multidimensionalität kommend, in begrenzte Dimensionen einzutauchen und in diesen auch noch Bewusstsein zu installieren. Eine Seele muss sehr viel Wissen erwerben und Fähigkeiten entwickeln, um alle Möglichkeiten im Bereich der Elementarteilchen, der Materie und der Energien zu beherrschen. Bedenke aber immer bei deinen Überlegungen: Was bedeutet ein Zeitraum, wenn die Seele vom Geist der Schöpfung für die Ewigkeit erschaffen wurde? Sie ist also zeitlos – und was sind schon Millionen von Jahre in Bezug zur Ewigkeit?

Nachdem von Geist und Seele – ich nenne sie mal so – »Gedächtnismoleküle« entwickelt wurden, wie ging es dann weiter? Die Strukturen, die du mir beschrieben hast, sind ja noch kein Leben, es muss doch anschließend noch etwas geschehen sein, damit ein Selbstvermehrungsbewusstsein entstand, wie wir es etwa von Kleinstlebewesen kennen?

Lehmann: Die Bedingungen auf der Erde ließen die Entwicklungen des bisher Gesagten und des noch Folgenden zu. Sie ließen es zu, einen Bauplan und Schaltkreise auf engstem Raum, im molekularen Bereich, zu erschaffen. Der nächste Entwicklungsschritt bestand nun darin, molekulare Ketten oder besonders große Moleküle herzustellen, immer mit dem Ziel, dass diese eine bestimmte elektromagnetische Ladung besaßen, die auch übertragbar war und auf andere Gruppierungen überspringen konnte.

Um nicht vom Zufall zu sprechen, möchte ich betonen, dass schon vor der Entstehung der schöpferischen Idee die Bedingungen und alle Gesetze erschaffen wurden, die eine Möglichkeit boten, selbstverwirklichendes Bewusstsein in der Materie zu entwickeln. Anders ausgedrückt: Die ersten Gruppierungen von Atomen und Molekülen kannst du dir als Ladestation, als Resonanzfelder der Seele, vorstellen. Diese Resonanzfelder wirken, und wirken immer noch, nach dem Prinzip eines Katalysators.

Durch seine Anwesenheit überträgt ein Katalysator Information auf das Umfeld. Ohne sich selbst zu verbrauchen, löst er damit chemische Reaktionen aus.

Jetzt verstehe ich vieles besser. Natürlich mussten erst unzählige Bedingungen erfüllt werden, auch wenn die dazugehörenden Gesetze alle schon vorhanden waren. Das hat nichts mit Zufall zu tun, es ist ein einziger gigantischer Schöpfungsplan – und das alles nur, um lebendiges Bewusstsein zu erschaffen, das sich selbst und die Schöpfung erkennen soll.

Lehmann: Mehr noch, das sich entwickelnde Bewusstsein der Lebewesen ist im Grunde Repräsentation, es ist ein Botschafter des Geistes.

Ist es anmaßend, wenn ich jetzt sage, dass Gott über uns Lebewesen in der Lage ist, seine Schöpfung zu erkennen?

Lehmann: Du hast jetzt zu weit vorgegriffen, lass uns zurückkehren zur Entwicklung des Lebens. Ich erwähnte bereits, dass sich am Anfang ringförmige molekulare Ketten besonders dazu eigneten, seelische Informationen zu speichern und gegebenenfalls auch weiterzugeben. Diese Strukturen wurden weiterentwickelt, bis sich Ketten bildeten, die dann zu einem Vorläufer dessen wurden, was wir heute in allen Lebewesen in Form der DNA wiederfinden. In diesem Anfangsstadium kam es aber noch zu einem weiteren Schritt. Es ging darum, die Informationsübertragungen zwischen den Molekülen zu begrenzen, damit sie nicht endlos weiterlaufen. Es wurden Sperren entwickelt, die du dir als eine Isolation für die Ladestationen oder seelischen Resonanzstrukturen vorstellen kannst.

Ich ahne, was jetzt kommt: wieder eine Vorstufe, diesmal für die späteren Zellmembranen.

Lehmann: Das siehst du richtig. Doch bis es zu einer ersten selbstständigen Zelle kam, mussten noch viele Möglichkeiten ausprobiert werden.

Ich nehme an, das hat wohl wieder viele Millionen Jahre gedauert, denn wir bewegen uns nach wie vor nicht auf der Ebene des Lebens. Konnte die geistige Programmierung der Schöpfung den ganzen Vorgang nicht beschleunigen?

Lehmann: Eine Beschleunigung ist bei diesem Prozess nicht möglich. Alle Seelen, die später einmal Lebewesen formen und erhalten wollen, müssen die energetischen Strukturen jeglicher Bausteine der Materie und ihrer Wechselwirkungen absolut beherrschen, um späterhin biochemische Funktionen in den Lebewesen steuern zu können.

Jetzt verstehe ich, warum eine Seele diese Grundausbildung benötigt. Ich habe gelesen, dass in einer Zelle in jeder Sekunde bis zu 100.000 chemische molekulare Prozesse ablaufen, und diese müssen sehr präzise gesteuert werden. Wenn ich bedenke, dass ein menschlicher Körper aus etwa siebzig Billionen Zellen besteht, ist das eine kaum zu begreifende Leistung.

Lehmann: Es ist auch von einer Seele nur zu schaffen, indem sie mit Programmierungen arbeitet, die allesamt auf einem eng begrenzten Raum ablaufen und nicht in einer Art Kettenreaktion nach außen um sich greifen. Diese Steuerungen müssen abgekapselt werden.

Für die Strukturen der molekularen Ketten mit ihren Reaktionsmustern musste dazu eine umschließende Hülle gefunden werden. Dieser Vorgang führte dann zu den ersten, winzig kleinen selbstständigen Vorlebensformen. Alles noch ohne die euch bereits bekannte DNA.

Waren das bereits Zellen, so wie wir sie heute verstehen?

Lehmann: Nein, in keiner Weise. Es waren lediglich Resonanzfelder der Seele, die über diese molekularen Anordnungen einen Weg suchten, Bewusstsein mit einer Selbstverwirklichung zu erschaffen. Nochmals: Es waren zunächst molekulare Anordnungen, mit denen die Seele jonglieren konnte, bis hin zu einer Vervielfältigung – aber schon umhüllt von einer anderen molekularen Struktur. Stelle es dir bildlich so vor: In kleinen, nicht energetisch leitenden Bläschen befanden sich Strukturen, Anordnungen von Molekülen, auf die die Seele einen steuernden Zugriff hatte.

Ich sehe diese Schöpfung der Seele als Vorstufe des Lebens, aus der dann später eine Zelle mit Zellkern und Membran entstand. Ist das richtig?

Lehmann: Das siehst du richtig, wenn du dabei immer bedenkst, dass der Geist den Wunsch hat, selbstständiges Bewusstsein in den niederen Dimensionen zu erschaffen. Der nächste Entwicklungsschritt führte dann zu einer vielschichtigen Gruppe von Reaktionsfeldern der Seele. Diese winzigen, in sich abgekapselten chemisch-materiellen Kügelchen hatten bereits eine dem Zellkern ähnliche Struktur – aber verwechsele sie nicht mit der heutigen DNA, denn ihre Funktion war noch äußerst begrenzt.

Was kann ich mir unter einer begrenzten Funktion vorstellen?

Lehmann: Diese kleinen Bläschen mit einem Resonanzfeld zur Seele hatten noch kein eigenes Bewusstsein. Dazu bedurfte es weiterer Entwicklungsschritte, und der nächste Entwicklungsschritt der Seelen bestand nun darin, die Ideen der Schöpfung zu skizzieren und diesen Plan in zweierlei Hinsicht in materielle Substanzen zu bringen:

1. indem sie einen Bauplan in Form von Ordnungen in der stofflichen Welt erstellten und
2. indem sie einen energetischen Schaltplan installierten, der in der Lage ist, Bewusstsein zu speichern – ein Bewusstsein, das eine Verbindung mit Seele und Geist eingehen kann.

Ich kann mir vorstellen, dass das für die Seelen ein langer Weg war, denn ich entnehme deinen Beschreibungen, dass dieses Bewusstsein mit Seele und Geist eine Einheit bildet, die als Grundlage des Lebens anzusehen ist.

Leben besteht aus Körper, Seele und Geist. Wie ist es gelungen, zwischen dem Physischen sowie dem Geist und der Seele eine dauerhafte Verbindung herzustellen?

Lehmann: Die erschaffene Verbindung besteht in der Urenergie, über die Informationen in eure Welt übertragen werden. Von den verschiedenen Energien in eurem Kosmos eignet sich Magnetismus dafür am besten. Magnetismus kann sich mit allen anderen Energieformen auf eurer Ebene verbinden und gleichzeitig in Resonanz gehen zu unserer Urenergie in den höheren Dimensionen.

Dazu habe ich eine Zwischenfrage: Erfolgt unsere Kommunikation auf magnetischer Basis?

Lehmann: Bei dir schon, bei uns nicht, nur können wir deine magnetischen Felder, deinen Biomagnetismus »abhören« und beeinflussen. Weil dein Biomagnetismus mit deinen anderen Energien in Resonanz gehen kann, können wir auch alle anderen Bioenergien, dein ganzes Energiespektrum, erreichen. Doch einzig dann, wenn deine Seele es zulässt.

Kann man es so beschreiben, dass du meinem bioenergetischen Spektrum eine zusätzliche Information gibst, woraufhin mein Biomagnetismus in Resonanz mit meinem Gehirn geht, das ja bioelektrisch arbeitet? Und dass ich dann auf diese Weise deine Stimme höre, ohne sie im »klassischen Sinne« zu hören?

Lehmann: Einfach ausgedrückt ist das richtig, mit der Einschränkung, dass dein Hören ohne zu hören, wie du es nennst, nicht jedem Menschen gegeben ist. Die innere Stimme oder die Eingebungen, wie ihr das bezeichnet, müssen sich zu einem offenen Kanal entwickeln, um einen Dialog, wie wir ihn jetzt führen, zu erreichen. Das geht aber nur im Einverständnis mit der Seele und dem Plan für die jeweilige Reinkarnation.

Danke für deine Erklärung. Ihr als Geistwesen könnt also über den Biomagnetismus uns Lebewesen abhören und, wenn die jeweilige Seele es erlaubt und mitmacht, direkt in unseren Lebenswillen eingreifen. Ist es das, was wir als Fügung, Wunder oder Schicksal erleben?

Lehmann: Auf diese Frage werde ich später in unserem Gespräch eingehen. Erst möchte ich dir die Entwicklung des Lebens noch weiter näherbringen.

Die materiellen und energetischen Strukturen, in denen magnetische Informationen gespeichert werden konnten, wurden vor mehr als 3,8 Milliarden Jahren entwickelt. Und wenn gewünscht, konnten diese gespeicherten Informationen auch auf andere Substanzen übertragen werden. So wurde der Grundstein, die Basis, für späteres Leben gelegt.

Es bestand nun ein Kommunikationsweg zwischen dem höheren Bewusstsein und der Materie. Der nächste Schritt in der Entwicklung hin zu verschiedenen Lebensformen konnte jetzt angegangen werden, nämlich alles auf Erden Erreichte im Geist aufzuzeichnen, es zu speichern. Es entstand also sozusagen ein Informationsspeicher als Gegenstück zu den seelischen »Ladestationen«, den Resonanzfeldern in den Atomen und molekularen Strukturen mit all ihren Energiemustern, die bisher erschaffen wurden – das Höhere Selbst.

Das bedeutet, es existiert für die von den Seelen entwickelten und verursachten Prozesse im Geistigen eine Aufzeichnung der Vorgänge. Hierzu eine Frage: Können alle Seelen auf alle Aufzeichnungen zugreifen, gibt es eine Art Seelen-Kollektiv-Programm?

Lehmann: Seelen werden vom Geist, von Gott erschaffen, schon immer und immer noch. Somit gibt es junge und alte, unerfahrene und erfahrene Seelen. In der Gemeinschaft aller Seelen gibt es deshalb große Unterschiede in ihren Aufgabenbereichen. Ein sehr markanter Unterschied besteht darin, dass es Individualseelen gibt, die nur für einen Menschen oder ein höher entwickeltes Lebewesen zuständig sind. Andere Seelen wiederum sind für ganze Gattungen in unterschiedlichen Entwicklungsstadien zuständig. Es gibt wirklich große Unterschiede bei der Entwicklung der Seelen und ihren Aufgaben. Die geistigen Aufzeichnungen, die unablässig erfolgen, sind deshalb nicht nur sehr differenziert, sondern auch immer an die Aufgaben und Erfahrungen der jeweiligen Seelen angepasst.

Ihr Menschen habt eine Individualseele, und alle ihre bisherigen Erfahrungen sind in einem Lebensbuch, dem Reinkarnationsbuch, aufgezeichnet. Viele von euch nennen es das

Höhere Selbst. Zu ihrem Höheren Selbst hat die Seele immer Zugang, es ist ein Erinnerungsspeicher für alle Erfahrungen, vom Anfang bis zur Gegenwart.

Demnach mussten die Seelen, die vor langer Zeit das Leben auf der Erde entwickelten, ganz allein, ohne Lehrer und Helfer, auskommen. Hat es deshalb so lange gedauert?

Lehmann: Lass einmal die Zeit beiseite. Alle Seelen bekommen Unterstützung und haben Helfer, was aber anders zu verstehen ist, als ihr Menschen euch das gewöhnlich vorstellt. Ihre Hilfe setzt sich aus verschiedenen sehr spezifischen Möglichkeiten und Befähigungen zusammen. Erstens ist die Seele unsterblich. Zweitens hat die Seele einen freien Willen. Drittens verfügt sie über große Anpassungsfähigkeit, und weil sie unendlich lange lebt, entstehen nach eurer Betrachtung daraus Mut, Zuversicht, Zähigkeit und Kreativität. Ausgestattet mit dem Urvertrauen der Schöpfung entwickelt sich daraus Selbstverwirklichung, und diese Selbstverwirklichung trägt in sich das Bestreben nach Harmonie.

Könnte man also sagen, mein Körper mit allen Eigenschaften und Möglichkeiten ist die Selbstverwirklichung meiner Seele?

Lehmann: Du greifst schon wieder voraus. Natürlich bist du so, wie du bist, ein Produkt deiner Seele. Du hast nur vergessen, dass du auch selbst ein sich verwirklichendes Bewusstsein entwickelst, das eine gewisse Mitsprache hat, und zusätzlich bringst du noch ein physisches Erbe mit.

Das Höhere Selbst beinhaltet somit meinen Stand der seelischen und physischen Entwicklung, einschließlich des bisher entwickelten Bewusstseins. Deinen Aussagen nach entwickelt sich alles in Etappen, deshalb interessiert mich jetzt natürlich: Was kam als Nächstes? Die Kommunikationsbrücke bestand, das Erreichte wurde im Geistigen aufgezeichnet im Höheren Selbst. Das ist doch ein Gleichnis, im Höheren das Höhere Selbst und im Niederen die Speicherung von Informationen in der Materie. Man könnte auch sagen: »Wie im Himmel so auf Erden!«

Und wie ging es weiter …?

Lehmann: In Etappen. Wie soll es auch anders sein, wenn der Geist des Schöpfers dahintersteht? Den Begriff Etappe finde ich gut, weil es in der Schöpfung keine gleitenden Übergänge gibt, alles besteht aus Wellen, Impulsen, Ideen. Wenn wir einen Schritt festhalten wollen, können wir ihn Etappe nennen.

Der Geist und alle Seelen erprobten weitere Vorgehensweisen. Der nächste Schritt bestand darin, das aufgepfropfte Bewusstsein so zu stärken, dass es sich selbst kopieren kann, wenn die Umweltbedingungen dafür gegeben sind.

Das verstehe ich so: Die winzigen Molekularketten, die von einer Hülle geschützt sind, sollen sich selbst kopieren, wenn sie es für richtig halten?

Lehmann: Das war und ist der Wunsch der Schöpfung – materielles Bewusstsein zu erschaffen, das Möglichkeiten bekommt, sich nicht nur selbst zu kopieren, sondern auch Veränderungen in nachkommenden Kopien zu ermöglichen.

Die Erschaffung der ersten Lebenskeime

Damit ist die Idee aufgegangen, nicht wahr? Die Evolution konnte beginnen. Wenn ich mir aber die damaligen Gegebenheiten auf der Erde und das, was wir darüber inzwischen wissen, vergegenwärtige, waren doch jede Menge Probleme vorprogrammiert. Könntest du mir die wichtigsten Probleme, die überwunden werden mussten, nennen?

Lehmann: Weil für euch die Zeit und besonders zeitliche Abläufe als Orientierung immer sehr wichtig sind, möchte ich, was die Zeitspannen in der Entwicklung des Lebens angeht, Zahlen sprechen lassen. Die ersten Seelen mit geistigen Manifestationen auf der Urerde begannen vor rund vier Milliarden Jahren unter extremsten Bedingungen in tieferen Schichten der Urmeere. Zweihundert Millionen Jahre später waren die Seelen in der Lage, geschützte Gedächtnismolekülketten zu erschaffen. Einige Millionen Jahre später wurden die Molekülketten verlängert und mit einem chemisch-molekularen Gedächtnis versehen. Aus diesen Molekülketten entwickelten Seele und Geist dann die bis heute gültigen und wichtigen Stränge der DNA. Erst jetzt begann die eigentliche Entwicklung des Lebens.

Dazu habe ich eine Frage: Wir kennen einfache Molekülketten, man nennt sie RNA. Ist die RNA mit den von dir genannten Molekülketten zu vergleichen, die, wie du sagst, Grundlage für Leben mit einer DNA wurden?

Lehmann: Du kannst die von mir erwähnten Molekülketten durchaus mit einer RNA vergleichen. Sie waren die Grundlage für die Entwicklung von Leben, denn nur über diese Molekülketten konnten die Seelen in der Ursuppe der Meere neue und andere chemische Verbindungen hervorbringen.

Von einfachen, aber gewünschten Molekülketten bis hin zu einer DNA war es doch ein großer Sprung. Eine DNA hat einen Doppelstrang, der sich teilen und kopieren lässt und damit eine exakte Verdopplung darstellt, wie es bei einer Zellteilung nötig ist. Das ist etwas mehr als eine Molekülkette. Damit ist eine gewisse Eigenständigkeit verbunden.

Wie schafften es die Seelen, das zu kontrollieren und die gewünschte Entwicklung einzuleiten?

Lehmann: Du hast bei deinen Überlegungen eines außer Acht gelassen. Mehrmals betonte ich, dass die Schöpfung darauf aus ist, in der Materie Bewusstsein entstehen zu lassen, und damit ist durchaus ein gewisser Freiraum verbunden. Dieser Freiraum im Bewusstsein ist gewollt und auch für die irdische Schöpfung vorgesehen.

Wie kann ich mir diesen Freiraum vorstellen?

Lehmann: Am Anfang unserer Gespräche über die Lebensentstehung sagte ich zu dir: Grundlagen für die Schöpfung sind Gesetze, ein festgelegter Raum von Möglichkeiten, die der Schöpfung Form, Struktur und Stabilität verleihen. Und innerhalb von angegebenen Toleranzen in den Gesetzen verwirklicht sich die Schöpfung. Alles Geschehen unterliegt diesen Gesetzen, selbstverständlich auch das Wirken der Seelen.

Kannst du mir einen Überblick über diese Gesetze geben?

Lehmann: Warum fragst du? Du hast doch selbst darüber geschrieben und die verschiedenen Strukturen der Gesetze erkannt.

Diese Frage habe ich gestellt, weil ich annahm, dass es noch andere Gesetze gibt, die ich nicht kenne.

Lehmann: Die gibt es auch, doch sie betreffen euch nur indirekt. Es sind die Gesetze, die für unsere multidimensionale oder übergeordnete Schöpfung bestehen.

Leider kann ich sie dir nicht beschreiben, denn dein Denken ist nur auf euer Raum-Zeit-Kontinuum beschränkt. Wenn ich später über die Entwicklung des Menschen spreche, werde ich darauf eingehen.

Die harmonikalen Geistigen Gesetze

Lehmann erwähnte, dass ich über diese Gesetze selbst schon geschrieben hatte. Das ist in meinem Buch *Die 12 Programme des Bewusstseins* geschehen. Diese Gesetze wurden schon vor fünftausend Jahren von Hermes Trismegistos in Ägypten gelehrt und in den nachfolgenden Jahrhunderten immer wieder umgeschrieben und dem Zeitgeist, den jeweiligen Vorstellungen angepasst. Der Durchbruch für mich bei der Suche nach Erklärungen zu diesen Gesetzen kam, als ich das Buch *Vom Klang der Welt* des Musikwissenschaftlers Hans Kayser (1891-1964) las. Er hatte erkannt, dass diese sieben Gesetze die Grundlage aller Schwingungen sind und somit auch für die Musik. Ich selbst habe mich mit diesen harmonikalen Gesetzen hinsichtlich meiner Tätigkeit als Geistheiler beschäftigt und darin Gesetzmäßigkeiten gefunden, welche die Erklärungsnot über das Geistige Heilen verringern und viele der Wirkungsweisen erklärbar machen.

Weil ich glaube, dass die vielen Durchsagen meines Geistführers Lehmann auch für Sie transparenter werden, wenn Sie diese Gesetze kennen, möchte ich sie Ihnen hier vorstellen. Diese sieben harmonikalen Gesetze sind bestimmend für alle anderen Gesetze, wie zum Beispiel unsere physikalischen oder chemischen Gesetze bis hin zu dem, was wir Moral und Ethik nennen. Sie sind weitgehend die Gesetze für alle Schwingungen.

Erstens: *Alles ist bipolar.* Im gesamten Kosmos bestimmt die Polarität jegliche Erscheinungsformen, auch unser begriffliches Denken. In unserer Welt hat alles einen Gegenpol, selbst Gott, der Alleinige, hat seinen Gegenpol, nämlich die Vielzahl seiner Schöpfungen. Die Welt der Gegensätze bietet uns die Erklärung, dass unsere physische Wirklichkeit auch als Idee im Geist vorhanden sein muss. Auf den Menschen bezogen ist das unser Höheres Selbst.

Zweitens: *Alles schwingt und pulsiert.* Die Natur kennt keine gleitenden Strukturen, nur Intervallproportionen. Dies gilt für das ganze Universum in allen Erscheinungsformen von Materie und Energie. Auch das Leben selbst ist pulsierende, schwingende Information.

Drittens: *Es gibt die Obertonreihe.* Alles, was schwingt, schwingt auch in höheren Oktaven mit und pflanzt sich bis zu unendlich schnellen Schwingungen fort. Alles im Universum ist Schwingung (Zweites Gesetz). Und alles, was schwingt, bildet Obertöne und ebenso Untertöne. Die Obertonreihe, das Verdoppeln und abermalige Verdoppeln von Schwingungen, führt also bis in die unendlich schnelle Schwingung. Diese unendlich schnelle Schwingung ist das Ewige Jetzt, das kreative, schöpferische, kosmische Bewusstsein. Es ist alles, was ist.

Viertens: *Jede Schwingung kann in zwölf Intervalle eingeteilt werden.* Wir kennen die Oktave mit zwölf Halbtönen in der Musik, die zwölf Stunden der Uhr, die zwölf Monate, die zwölf Sternzeichen, die zwölf Apostel oder die zwölf Jünger Jesus, auch das Chakrensystem mit den sieben Hauptchakren hat zwölf Ein- und Austrittsöffnungen.

Fünftens: *Es wird unterschieden zwischen Konsonanz und Dissonanz, zwischen Resonanz und Interferenz.* Unser technisches Zeitalter mit Rundfunk, Fernsehen und Internet gäbe es ohne das fünfte harmonikale Gesetz gar nicht. Auch wäre wahrscheinlich ohne dieses Gesetz überhaupt kein Leben möglich. Ohne Resonanz gäbe es bei allen Informationsübertragungen keinerlei Wechselwirkung.

Sechstens: *Der Goldene Schnitt.* In der Musik ist es die Unterscheidung zwischen Dur und Moll. Die Musik in Dur oder Moll mit kleinen Schwingungsdifferenzen zeigt uns, dass die Melodie noch wohlklingend bleibt, obwohl die Frequenzen der Schwingungen leicht verändert wurden. Diese Schwingungsdifferenz, wie wir sie zwischen Dur und Moll haben, gibt die Toleranzwerte für alle anderen Schwingungen dieser Welt an. Sie stellt die möglichen Abweichungen innerhalb von Gesetzen dar, ohne die Gesetze zu verletzen. Das Verhältnis der Schwingungen von Dur und Moll entspricht also der Toleranz bei Veränderungen und Abweichungen von den Gesetzen, ohne dass diese infrage gestellt oder verletzt werden.

Siebtens: *Das Gesetz des Lambdoma.* Es besagt, dass es wiederkehrende Muster bei Schwingungen und auch bei Zahlenreihen in der Mathematik und Physik gibt. Und weil alles schwingt, gibt es im gesamten Universum wiederkehrende Muster. Ein bekanntes Gebiet für die Anwendung dieses Gesetzes ist die Homöopathie. Das Potenzieren, Verdünnen, eines Heilmittels zeigt auch noch in sehr hohen Potenzen eine Wirkung durch die wiederkehrenden Muster, die sich bis in die Unendlichkeit fortsetzen.

Mein lieber geistiger Freund, wir haben einige Tage nicht miteinander gesprochen. Nun möchte ich gerne weitere Fragen zu unserem derzeitigen Thema stellen. In den einzelnen Molekülketten, von denen zuletzt die Rede war, kam es also zu einer Verdopplung, woraus dann die DNA entstand. Kannst du mir diese Entstehung etwas genauer erklären?

Lehmann: Der wichtigste Entwicklungsschritt bestand darin, die Molekülketten zu erweitern, zu verlängern, aber weiterhin einen Zugriff, eine Steuerung beizubehalten. Deshalb wurden die Molekülketten in einzelnen Segmenten weiterentwickelt, mit geringfügig differenzierter magnetischer Ladung. Auf diese Weise konnte die DNA der ersten kleinsten Lebewesen in ihren Molekülketten in Abschnitte unterteilt werden. Ihr nennt diesen Teilschritt ein Gen. Über diese Gene haben alle Seelen ein begrenztes Mitspracherecht bei der Weiterentwicklung und auch bei jeder Art von Regeneration des Lebewesens. Das ist bei allen Lebewesen so, auch heute noch.

Hier möchte ich einen Gedanken einbringen: Du sagtest, die Seelen haben über den Magnetismus Zugang zu gewissen molekular-chemischen Prozessen. Ich entnehme deinen Worten, dass der Einfluss der Seele so weit geht, die Gene in gewisser Form zu kontrollieren. Das klingt kurios. Wie haben denn die ersten Lebensformen ausgesehen?

Lehmann: Von leblosen Anordnungen hin zu den Molekülketten, die nicht nur eine, sondern eine doppelte Molekülkette besaßen, war es ein weiterer wichtiger Schritt. Diese Entwicklung erfolgte bei Vorläufern von Bakterien in einer großen Vielfalt, denn sehr viele Seelen suchten in den Urmeeren mit ihren chemischen Zusammensetzungen nach Lösungen. Das Wasser der Urmeere war überladen mit sehr vielen Substanzen, Stoffen, nur ohne freien Sauerstoff. Den Sauerstoff, wie ihr ihn heute in euren Meeren und in der Luft vorfindet, gab es damals nicht. Diese ersten winzigen Formen mit einer sehr bescheidenen DNA mussten einiges ertragen, um überhaupt so etwas wie Anpassung und Teilung hinzubekommen. Es gelang dennoch, weil die universellen Gesetze es erlaubten.

Meinst du hierbei wieder die harmonikalen Gesetze?

Lehmann: Ja, besonders jenes, das du als Erstes genannt hast, die Polarität. Nur weil in eurem Kosmos die Gegensätze dominieren, Plus und Minus, Anziehung und Abstoßung, wurde die seelische Übertragung überhaupt möglich. Polarität lässt auch problemlos eine Teilung oder Verdopplung zu, ja, dieses Gesetz verlangt sie sogar. Das fünfte Gesetz, das der Resonanz, fördert die Anpassung der Struktur obendrein durch die Wechselwirkung. Zusätzlich unterstützt wird diese Anpassung noch durch Katalysatoren. Alle Seelen kannten diese Gesetze, weil ihnen alle physikalischen Gesetze unterliegen, und so konnten sie damit operieren. Die ersten Entwicklungen waren deshalb, nach euren Vorstellungen in einer »giftigen Suppe«, auf Anpassung ausgerichtet.

Jetzt werde ich den Verdacht nicht los, dass dieser Anpassungsvorgang so in das Leben eingepflanzt oder sogar vererbt wurde, dass er bis heute anhält. Wenn ich mir nämlich anschaue, unter welchen extremen Bedingungen Lebewesen existieren, dann muss die Anpassung ein Grundpfeiler des Lebens sein.

Lehmann: Das siehst du richtig. Nur durch Anpassung und Resonanz ist das Leben möglich, wie auch durch Ablehnung, was die Verweigerung von Anpassung ist, durch Dissonanz. Beide, Resonanz und Dissonanz, sind nur möglich, weil in der Welt der Gegensätze die Polarität vorherrschend ist.

Wenn es diese beiden universellen Gesetze nicht geben würde, gäbe es also überhaupt kein Leben?

Lehmann: Das stimmt. Bedenke aber, dass Gott, der Schöpfer, als Erstes die Gesetze erschaffen hat, damit Geist und Seele lebendiges Bewusstsein in eure Welt tragen können.

Die ersten Mikroorganismen

Ich verstehe. Anpassung und Resonanz machten das Leben erst möglich. Aber wie gingen die Seelen jetzt weiter vor, was war die nächste Etappe?

Lehmann: Die ersten in Selbstteilung sich vermehrenden Lebenseinheiten hatten eine sehr bescheidene DNA, mit nur wenigen Genen. Sie ähnelten den Archen, einer bis heute noch in eurer Welt vorkommender Art, die über eine extreme Anpassungsfähigkeit verfügt. Weil alle Seelen wussten, wie schwierig es sein würde, in eurem leblosen, mit Mineralien extrem überladenen, fast ätzenden Meerwasser so etwas wie Leben einzubringen, setzten sie bei all ihren Bemühungen auf Anpassung. Bedenke bitte, diese Urwesen hatten weder Mund noch Magen, es waren sehr kleine, chemisch reagierende Bläschen, aber sie konnten sich bereits teilen, vermehren und bildeten große schleimige Inseln in den Meeren.

Und wie entwickelte sich daraus dann das Leben, wie wir alle es heute kennen?

Lehmann: Über viele Millionen Jahre entwickelten Geist und Seele die ersten winzigen Mikroben weiter. Durch Anpassung entstanden neue chemische Reaktionen, die, bewusst gesteuert, die im Wasser der Urmeere gelösten Substanzen auf sehr unterschiedliche Weise nutzten. So entwickelten sich immer besser angepasste Mikroben in einer solchen Masse, das ganze Inseln aus schleimiger Substanz entstanden.

Über Hunderte von Millionen Jahren wurde durch die Vielzahl der Mikroorganismen das Meerwasser von darin gelösten Minerialien, die ja ihre Lebensgrundlage waren, befreit. Das wiederum war eine neue Herausforderung, denn die gelösten Mineralien bildeten die Nahrung für die Mikroben, die sich in diesem Stadium bereits zu Bakterien entwickelt hatten. Durch die damit verbundene notwendige Anpassung verbesserte sich der Stoffwechsel in ihnen, und gleichzeitig veränderten sich die Molekülketten der DNA. Das führte wiederum zu einer besseren Vererbung bei der Teilung. Doch trotz verbesserter Anpassung entstand eine neue Herausforderung für die Bakterien. Sie bestand darin, sich an den von ihnen freigesetzten Sauerstoff anzupassen.

Du sagst, dass dieser Vorgang Millionen Jahren dauerte. Kannst du mir das zeitlich ein wenig genauer erklären?

Lehmann: Der Zeitabschnitt, den ich gerade beschrieben habe, begann vor rund 3,8 Milliarden Jahren und dauerte bis vor 2,8 Milliarden Jahren. Betonen möchte ich, dass diese Stoffwechselprozesse der Bakterien in den Meeren und anderen Gewässern weiterhin die Basis für höheres Leben sind.

Ohne Bakterien und andere Mikroben, Viren und Mikropilze gibt es keine Evolution.

Ich nehme an, dass am Ende dieser Periode Zellen oder sogar mehrzellige Lebewesen entstanden, oder war es ganz anders?

Lehmann: Alle wirkenden Seelen nutzten äußerst kreativ die geistigen Informationen. Auch die Seelen hatten sich angepasst, nicht nur im chemischen Bereich, sondern an alle vorhandenen Gesetze der Physik, der Chemie und an die übergeordneten Geistigen Gesetze, die sie nutzen und beherrschen gelernt hatten. Durch die Beherrschung aller Möglichkeiten wuchs ihre kreative Freiheit. Zu diesem Zeitpunkt boten die bis dahin entwickelten Grundlagen neue Möglichkeiten durch Selbsterkenntnis in der Materie.

Es begann nun die Entwicklung von gut gerüsteten Zellen. Das war ein bedeutender Schritt, denn es gelang den Seelen eine Symbiose zwischen Bakterien und größeren Zellen. Dies waren die Vorstufen der heutigen Zellen, die wir in allen Lebewesen finden und die stets ähnlich aufgebaut sind mit ihren Organellen und Mitochondrien, den Kraftwerken der Zelle.

Diese lange Zeitspanne der Bakterien, welche die Meere reinigten und in diesem Zuge auch Sauerstoff freisetzten, erscheint mir wie eine Vorbereitung auf höheres Leben. War das so im Schöpfungsplan vorgesehen, oder ergab sich das rein zufällig?

Lehmann: Im Schöpfungsplan enthalten sind alle Gesetze, über die Gott seine Ideen verwirklicht. Zusätzlich hat der

Schöpfer dem sich entwickelten Bewusstsein innerhalb aller Gesetze einen freien Willen gegeben. Eines der harmonikalen Gesetze, das du mit Dur und Moll erklärt hast, bietet innerhalb seiner Gesetzmäßigkeiten eine gewisse Toleranz, einen Spielraum für Veränderungen, ohne dabei die Gesetze zu verletzen. Dieser Freiraum erlaubt Anpassungen. Nur deshalb konnten die Seelen ihren freien Willen kreativ auf eine Weise nutzen, die zufällig Erscheinungen, Mutationen, hervorgebracht hat. Dieses Gesetz erlaubt allen Seelen, in einem tolerierten Freiraum schöpferische Veränderungen im Chemischen und auch im Energetischen vorzunehmen. Diese Toleranz in den Grundgesetzen der Schöpfung ist der Garant für die Evolution auf der Erde.

Danke, das hast du mir verständlich erklärt. Jetzt verstehe ich auch einige Heilungsprozesse, bei denen ich mir den Heilungsvorgang bisher nicht erklären konnte. Nochmals die Frage: Ist es richtig, wenn ich meine, die vielen Bakterien und andere Mikroben haben die Meere durch ihren Stoffwechsel gereinigt, mit Sauerstoff angereichert und so die Grundlage erschaffen für sich höher entwickelndes Leben?

Lehmann: Der freie Wille der Seelen und ihre Kreativität innerhalb der Vorgaben im Geist der Schöpfung haben zusammen all die Möglichkeiten erschaffen, die notwendig sind, sich selbst erkennendes Bewusstsein in der Materie eurer Welt zu erschaffen. Jegliche Entwicklungen, angefangen von den ersten primitiven chemischen Reaktionen bis zur Entwicklung von manifestiertem Bewusstsein, auf dessen Grundlage eine DNA geformt wurde, waren und sind auch gegenwärtig noch immer die Basis für höheres Bewusstsein in eurer Welt. Höheres Bewusstsein, das gleichbedeutend mit höheren Lebensformen ist, benötigt eine Anpassungsfähigkeit an die Umwelt, an die Zusammensetzung von Wasser, Luft und festen Strukturen und möglichst gleichbleibende Temperaturen.

Zur Vorbereitung auf höhere Lebensformen haben Bakterien, Pilze und andere Kleinstlebewesen fast die halbe Zeit von der Entstehung der Erde bis zur Gegenwart benötigt – und dieser Prozess der Urbarmachung höheren Lebens ist weiterhin in vollem Gange und unerlässlich.

Viren, Bakterien, Pilze und andere Lebewesen bilden die Basis für mehrzellige Organismen. Sie sind die stummen Diener der Evolution. Die Entwicklung von mehrzelligen Lebensformen hin zu Organismen mit einem höheren, sich selbst erkennenden Bewusstsein wie bei euch Menschen nahm hingegen erheblich weniger Zeit in Anspruch.

Gut, eine große Anzahl von Bakterien und ähnlichen Kleinstlebewesen bevölkerte also mehr als zwei Milliarden Jahre lang die Meere. Aber was geschah danach? Was für einen Plan entwickelten die Seelen, um über das Bakterienstadium hinauszukommen?

Lehmann: Die Seelen hatten erkannt, dass Bakterien und andere Mikroben sich so rasant entwickelten, dass sie sich durch die starke Vermehrung selbst die Grundlagen ihrer Existenz entzogen. Deshalb entwickelten die Seelen andere Kleinstlebewesen, Viren, Phagen und ähnliches, die wiederum von den Bakterien lebten, um so ein Gleichgewicht herzustellen. Das verlangsamte zwar die Urbarmachung, verhinderte aber eine Selbstvernichtung durch Masse. Nachdem sich das Gleichgewicht auf beiden Seiten eingependelt hatte und die Vermehrungsprozesse damit in gewünschten Bahnen verliefen, konnten die Seelen ihre kreative Arbeit fortsetzen, höher geartete Zellen zu entwickeln.

War das etwa die Grundlage von Gut und Böse, von Fressen und Gefressenwerden? Dieses Streben nach Aufrechterhaltung des Gleichgewichts sehe ich in der Natur überall.

Lehmann: Gut und Böse, wie du es nennst, ist dafür nicht die richtige Bezeichnung. Wenn du auf eure gegenwärtige Situation ansprichst … Würdest du die Natur als böse ansehen, nur weil es Raubtiere gibt, die mehr tun, als ein Gleichgewicht herzustellen, sondern massiv in bestehende Populationen eingreifen? Auch das ist eine Form der Stabilisierung.

Deine Argumente muss ich anerkennen. Wie anders sollte sich die Evolution entwickeln in einer bipolaren Welt? Es geht ja nur in einem Wechselverhältnis der Gegensätze.

Lehmann: Gut, dann sind wir uns ja einig. Sagen wir, die bipolaren Gegensätze bilden die Grundlage für das sich entwickelnde Bewusstsein. Und nur durch gegensätzliche Aktivitäten und unterschiedliche Lebensbedingungen konnte überhaupt die bekannte Vielzahl von Lebensformen entstehen. Ein weiterer Garant des Lebens ergibt sich nun daraus, dass Gegensätze sich in einer Symbiose verbinden können. Die

Symbiose begann in der Urzeit mit der Entwicklung von Zellen – Zellen, die nicht nur aus Zellmembran und Zellkern bestanden, sondern kleine Einheiten, Bakterien und Ähnliches anzogen, um etwas Gemeinsames zu bilden, die bereit waren, eine Symbiose einzugehen. So entstanden Zellen mit Organellen, mit kleinen Organen.

Für die Seelen war das eine bedeutende Entwicklung, sie hatten erkannt: Wenn höheres Bewusstsein sich entwickeln soll (geistige Vorgabe), muss sich das entwickelnde Bewusstsein an die vorhin genannten Gesetze halten. Wenn die Polarität und die Resonanz als Einheit gelebt werden, entsteht ein Miteinander. Die Entwicklung der Zelle mit den Organellen war nicht nur der Grundstein als Symbiose, sondern die Grundlage für das aufkeimende Bewusstsein, das bis heute anhält. So erfuhren alle Seelen, dass Harmonie in den Gegensätzen möglich ist und sogar Gemeinschaftssinn daraus entstehen kann, was wiederum allen Teilen Vorteile bringt.

Haben meine Seele und die Seelen anderer Menschen diese Grundlagen in den Anfängen des zellularen Lebens auch erlernen müssen, oder wurde es ihnen lediglich erklärt?

Lehmann: Alle Seelen beginnen mit diesem Studium der Lebens- und Bewusstseinsentwicklung in der Materie. Ohne dieses Steuern und Formen von Energie und materiellen Strukturen, ohne das Wissen aus Erfahrung über Zellfunktionen, kann keine Seele höher entwickeltes zellulares Leben von Pflanzen, Tieren und Menschen steuern und bewahren. Das irdische Leben, aus dem Geist geboren, setzt als Grundlage auf die Zelle. Wenn deine Seele diese Grundlagen der Zellfunktionen nicht studiert hätte, wäre sie überhaupt nicht in der Lage, deinen Körper mit seinen mehr als siebzig Billionen Zellen am Leben zu erhalten.

Demnach bietet die Zelle die beste Möglichkeit, wie du immer wieder betonst, aus dem Geist Seele und Bewusstsein in unserer Welt zu erschaffen. Kannst du mir noch einmal die Grundzüge der seelischen Steuerung einer Zelle erklären? Ich frage, weil es sehr viele unterschiedliche Zellen und Zellfunktionen gibt.

Lehmann: Alle noch so unterschiedlich wirkenden Zellen weisen den gleichen Aufbau auf. Sie besitzen eine äußere Hülle, die Membran, welche sensorische Fähigkeiten hat. Diese Hülle reagiert über Quanten, Ionen und andere energetische Wechselwirkungen mit der Umwelt. Die energetische Wechselwirkung, das Aufnehmen und Ausscheiden, kann die Seele je nach Bedarf steuern und damit die Zelle versorgen.

Wie du erfahren hast, war das der erste Schritt der seelisch-geistigen Manifestation. Eine weitere von der Seele gesteuerte Funktion ist die Wahrnehmung und Speicherung der Wechselwirkungen nach außen, was schließlich zur DNA-Entwicklung führte. Eine dritte Möglichkeit bilden die Organellen. Dabei handelt es sich um modulierte, in ihrer Funktion veränderte und angepasste Bakterien oder Kleinstlebewesen, die mit der Zelle eine Symbiose eingegangen sind. Sie erreichen durch ihre Gemeinschaft eine sehr effektive Selbstversorgung, die gut vom Bewusstsein der Seele angeleitet, erhalten und delegiert werden kann. Diese drei genannten, von der Seele gesteuerten Strukturen unterliegen den physikalischen Prozessen, die dann wiederum chemische Reaktionen auslösen. Das von der Seele kontrollierte Zusammenspiel mehrerer Funktionen in einer Zelle bietet daher erstklassige Möglichkeiten für Veränderung und Anpassung. So entstand eine Vielzahl von sehr unterschiedlich wirkenden Zellen und Zellfunktionen.

Wir haben hier also eine Struktur, die sich mühelos extrapolieren lässt, größenmäßig hochrechnen. Ich verstehe: Dieses Zusammenspiel dreier Funktionen kann dann zum Beispiel zur Zusammenballung mehrerer Einheiten genutzt werden und dabei kopiert und weiter verbessert werden, hin zu immer höheren Ebenen, bis zu körperlichen Wesen mit Organen, wie wir es sind. Frei nach dem Motto: »Wie im Kleinen so im Großen.«

Lehmann: Du nimmst es vorweg. Der nächste Entwicklungsschritt führte tatsächlich zu Zellformationen, Lebewesen, die zu Zellgemeinschaften heranwuchsen und sich in der Weiterentwicklung zu immer größeren Gruppierungen vereinigten. Sie hatten noch keine Organe, im Sinne von Organen, wie ihr sie von Tieren her kennt. Aber sie entwickelten sich weiter und wurden zu Lebewesen, die den heutigen Quallen ähnelten. Diese quallenartigen ersten Mehrzeller sind die älteste noch lebende Spezies. Neben ihnen entwickelten sich aber auch andere Zellen und Zellgemeinschaften weiter, Bakterien und sonstige Mikroorganismen. Überdies entstanden durch den Anstieg von Sauerstoff im Wasser immer wieder neue Lebensformen.

Das war der zweite wichtige Entwicklungsschritt nach der Entwicklung der Einzeller mit einer DNA – dem Gedächtnis des Lebens für die nächste Generation. Diese zweite Phase der Mehrzeller und der sich daraus entwickelnde Artenreichtum – Muscheln, Krebse und Fische – bildete den zweitlängsten, über Millionen von Jahren sich erstreckenden Zeitraum der Evolution. Das war eine sehr kreative Zeit für Geist und Seele. Sie führte zu Fusionen von immer mehr Zellen, die sich zu einer Symbiose zusammenfanden und schließlich auch Lebewesen mit Organen hervorbrachten.

Erstaunlich. Wir Menschen teilen die Evolution in bestimmte Zeitalter ein, und nun höre ich von dir, dass auch du von Phasen der Entwicklung sprichst?

Lehmann: Wie sagst du doch immer? Alles ist Rhythmus – und so hat auch die Evolution ihren Rhythmus. Sprünge in der Evolution waren unerlässlich, denn sie entstehen durch die Kreativität der Seelen meistens dann, wenn eine Lebensform ausgereizt ist und mit ihren Funktionen nicht mehr weiterkommt. Es bleibt ihr dann nur der Untergang oder die Veränderung. Weil die Vorgaben der Schöpfung eindeutig auf Höherentwicklung ausgerichtet sind, erschufen die Seelen in ihrer Kreativität durch die Anpassungsfähigkeit besonders bei Herausforderungen ganze Wellen von Neuerscheinungen, brachten und bringen immer wieder viele sich spezialisierende Arten hervor.

Demnach sind die Vorgaben der Schöpfung nicht im Detail vorgeschrieben, sondern setzen auf die Kreativität der Seelen. Jetzt verstehe ich auch, warum du sagtest, dass wir Mitgestalter der Schöpfung sind, einen freien Willen haben, uns an alles anpassen und neue Fähigkeiten entwickeln.

Lehmann: Du kannst das noch einen Schritt weiterdenken: Für euch Menschen mit höherem Bewusstsein entwickelten die Seelen das zentrale Nervensystem, das sich zu einer der Seele dienenden Intelligenz entwickelte, mit einer bescheidenen Mitsprache am Ganzen. Aber bis es so weit kam, gab es unzählige Versuche und Entwicklungsansätze von Organismen durch Anpassung und Selektion.

Das ist bestimmt eine Entwicklung gewesen, bei der sich die Seelen, so glaube ich, mit vielen Problemen auseinandersetzen mussten, die immer dann entstanden, wenn eine Lebensart dominierte und alles beherrschte. So wie jetzt der Mensch, der die Natur ausbeutet und den Artenreichtum aller Lebewesen dezimiert. Demnach müssten wir uns jetzt eigentlich an die Gegebenheiten der Natur anpassen, bestimmte Aktivitäten unterlassen und auf diese Weise unser Verhalten wieder in Einklang mit der Natur bringen.

Lehmann: So war es schon immer, aber in eurer Gegenwart gibt es jetzt einen kleinen Unterschied – und der verdankt sich dem sich selbst erkennenden Bewusstsein des Menschen. Der Mensch mit seinem Bewusstsein hat sich so weit entwickelt, dass er nun in der Lage ist zu erkennen, was er angerichtet hat, und er wird seine kreativen Fähigkeiten einsetzen müssen, um zu überleben. Die Ressourcen der Erde und alle dem Menschen dienenden Lebenwesen sind begrenzt, und wenn ihr eure von der Natur vorgegebenen Grenzen nicht einhaltet, werdet ihr ernsthaft Probleme bekommen.

Die Probleme haben wir erkannt, doch der Weg in die Wiedergutmachung ist lang. Es ist doch viel leichter, sich an der Natur zu bedienen, ohne ihr selbst zu dienen. Ich möchte den gedanklichen Ausflug in die Gegenwart deshalb lieber beenden und fragen, wie es denn in der Entwicklung des Lebens historisch weiterging.

Lehmann: Eine Zelle besteht zum größten Teil aus Wasser, einem Milieu, das hervorragende Mobilität erlaubt und den einfachen Transport von Teilchen jeglicher Art. Deshalb entstand ja auch das Leben im Wasser. Als die Seelen jedoch erkannten, dass im Wasser einer höheren Entwicklung Grenzen gesetzt sind, entschieden sie sich dafür, Zellen und Organismen durch Anpassung so weiterzuentwickeln, dass sie auch außerhalb der Meere leben konnten. Damit begann das Zeitalter der Pflanzen und landbewohnenden Tiere.

Die Entwicklung von Sauerstoffkreislauf und Photosynthese

Durch Fossilienfunde ist uns diese Periode der mehrzelligen Lebewesen von den Fischen bis zu den Landtieren bekannt. Doch es gab, wie die Wissenschaftler herausgefunden haben, mindestens zwei Phasen mit Katastrophen, bei denen das Leben fast ausgelöscht wurde. Wie passt es in die Evolution, dass Geist und Seele einen Schöpferplan zu erfüllen haben, aber mit Vernichtung konfrontiert werden?

Lehmann: Du hast doch erkannt, dass gemäß den universellen Gesetzen alles Schwingung ist. In einer bipolaren Welt mit Anfang und Ende gibt es daher immer auch Niedergang und Neubeginn, denn alles ist Rhythmus, wie du öfter erwähnst hast, im Kleinen wie auch im Großen. Auch deine Seele beendet ein Leben und beginnt wieder ein neues in einem anderen Körper, in einem anderen menschlichen Wesen, und setzt ihre Entwicklung unter anderen Bedingungen fort. Nicht anders verhält sich die Evolution.

Du hast einmal gesagt, Gott erfreut sich an seiner Schöpfung und liebt sie. Wie passt das damit zusammen, dass vor rund siebzig Millionen Jahren durch ein kosmisches Ereignis die Saurier und andere große Lebewesen vernichtet wurden?

Lehmann: Du sprichst ein für euch Menschen sehr heikles Thema an. Der größte Teil von euch glaubt, mit dem Tod wäre alles zu Ende, weil ihr euch mit den eigenen Lebenserfahrungen identifiziert. Die Wahrheit sieht aber ganz anders aus. Alle Lebewesen, vom kleinsten bis zum größten, lebten und leben nur, weil Geist und Seele ihre biologischen Formen mit Informationen und durch energetische Steuerung am Leben erhalten.

Betrachte nur einmal deine eigene Situation: Du kümmerst dich um deinen Körper, hegst und pflegst ihn, und das ist auch gut so, denn er dient deinem Höheren Selbst und deiner Seele dazu, Erfahrungen zu sammeln und Wissen zu erlangen. Dein wahres Ich ist das Höhere Selbst, das von Gott, deinem Schöpfer, auf Ewigkeit angelegt ist. Alle deine Erfahrungen aus früheren Inkarnationen sind dort gespeichert, und jene aus diesem Leben kommen hinzu. Du bist also nicht der Körper, du *hast* einen Körper.

Und da in diesem Körper alle Erfahrungen und Erinnerungen deines Höheren Selbst gespeichert sind, ist auch das, was die Saurier in ihrer Evolution erfahren haben, nicht verloren. Es befindet sich als Entwicklungserfahrung in dir – dieses Wissen aus der Zeit der Saurier. Es ist sogar als physisches Element in dir manifest. Eure Biologen nennen einen Teil eures Gehirns Reptiliengehirn, weil hier eure Saurieranteile abgelegt sind. In diesem Teil, mit dem dein zentrales Nervensystem arbeitet, entstehen ganz bestimmte Reaktionen, die zu deinem Ganzen beitragen.

Wie du siehst, geht also wirklich nie etwas verloren.

Willst du damit sagen, dass meine Seele und mein Höheres Selbst auch in Reptilien und sogar in Sauriern gelebt haben?

Lehmann: Dein geistiger Teil und deine Seele mussten durch alle Lebewesen, alle Gattungen hindurch in sehr vielen Reinkarnationen Erfahrungen sammeln. Ohne diese Erfahrungen könnten sie deinen Körper nicht erhalten. Das geht nur, weil du ein Teil der Evolution auf dieser Erde bist. Dir ist die Erfahrung deiner Seelenwanderung vielleicht nicht bewusst, doch die Schatztruhe aus diesen Erfahrungen ist angefüllt mit den vererbten Genen und dem unbewussten Wissen deiner Seele, die dich aufgrund der vielen Reinkarnationen mit ihren Erfahrungen am Leben erhalten.

Wir haben einen großen Sprung gemacht von Körperzellen zu uns Menschen. Hast du noch wichtige Erklärungen zu den Jahrmillionen dazwischen?

Lehmann: Die erste wichtige Phase für die Entstehung des Lebens war nun einmal die Entwicklung von Zellen mit einer starken DNA. Deshalb habe ich sehr viele Erklärungen darüber abgegeben, denn für die Entstehung des Lebens kennt ihr keine wissenschaftliche Grundlage, nur Theorien. Der nächste Schritt in Richtung menschliches Bewusstsein war die Vielfalt der Lebewesen, die euch weitgehend durch Fossilienfunde bekannt sind. Betonen möchte ich aber, um das für dich klarzustellen, dass dein Geist und deine Seele von Anfang an bei der Entwicklung des Lebens mitgewirkt haben. Mit anderen Worten: Dein wahres Ich, dein Höheres Selbst und deine Seele kennen den Stoffwechsel und damit den chemischen Aufbau von Viren, Bakterien und einer sehr großen Anzahl von Pflanzen und Tierzellen, quer durch die Arten. Dieses Wissen über die Funktion und Zusammensetzung der jeweiligen Zellen anderer Lebewesen kommt dir jetzt zugute.

Du sagst doch immer, Leben lebt vom Leben, nimm das bitte doppelsinnig. Einerseits besteht deine Nahrung aus pflanzlichen und tierischen Zellen, egal ob sie verarbeitet oder roh sind, andererseits enthalten alle Lebensmittel Vitalenergie. Dein Bewusstsein kennt die chemische und energetische Struktur und weiß, wie es die Vitalenergie und die chemischen Stoffe im Verdauungstrakt aufbereitet und deinen organischen Bedürfnissen zuführt. So bekommt dein jetziger Körper von anderen Lebewesen, was er benötigt.

Verstehe ich das richtig: Die Seelen aller Menschen mussten diesen Weg gehen, damit sie die Nahrung oder, besser gesagt, die Lebensmittel verdauen können?

Lehmann: Das ist so, und es kommt noch eine andere Erfahrung hinzu. Alle Seelen beherrschen und nutzen die Symbiose, angefangen bei der Zelle mit ihren Organellen – und vor allem nutzen sie ihr Wissen, damit sie Bakterien und andere

Mikroben so verändern können, dass sie dir in einer Symbiose in und auf deinem Körper von Nutzen sind.

Ich nehme an, du sprichst hier von der Darmflora?

Lehmann: Die Darmflora stellt einen sehr wichtigen Bereich der Symbiose für euch dar, denn ohne Bakterien, Pilze und Ähnliches könnte kein höheres Lebewesen existieren. So wie es von Anfang an in der Entwicklung war, als die Bakterien noch die Erde beherrschten, so ist es auch heute. Sie wirken nach wie vor am Erhalt und an den Grundlagen der Versorgung aller anderen Lebewesen mit.

Ohne Bakterien geht rein gar nichts. Weil alle Seelen Bakterien von Grund auf kennen und in vielfältigen Formen der Symbiose mit ihnen ein Bündnis haben, sind bis auf wenige Ausnahmen Bakterien eure Freunde und Helfer.

Was ist aber mit den Viren, die ja keine Freunde und Helfer sind? Welchen Sinn haben sie in der Schöpfung? Viele Infektionskrankheiten, unter denen Menschen leiden, werden doch von Viren verursacht. Wie kann ich das verstehen?

Lehmann: Viren haben zwei wichtige Funktionen. Zum einen können sie fast alle Mikroben angreifen und helfen dabei, die Evolution zu stabilisieren, zum anderen sind sie Helfer bei Mutationen. Sie benötigen für ihre Vermehrung eine Wirtszelle und dringen in diese Zelle ein, um dort ihr Erbgut einzubringen. Dabei können sie auch die DNA der Wirtszelle verändern. Durch ihre Selbsterhaltungsstrategie lösen sie dann

Mutationen aus. Diese natürlichen Vorgänge nutzen eure Biologen übrigens bei der Genmanipulation. Sie haben es sich quasi von den Viren abgeguckt. Auch alle Seelen der höheren Lebewesen beherrschen Genveränderungen für die Heilung und Immunisierung von Zellen gegen fast alle Schädigungen durch Eindringlinge. Das Bewusstsein von Geist und Seele hat Reparaturgene entwickelt, mit denen durch Viren verursachte Schäden korrigiert werden können.

Sagst du damit, dass unser Immunsystem mit Viren arbeitet?

Lehmann: Nein, nicht direkt. Euer Immunsystem, genauer das Bewusstsein, welches das Immunsystem steuert, hat die gleichen Fähigkeiten entwickelt, die auch die Viren besitzen. Je besser eine Seele dies beherrscht, umso besser sind die Abwehrkräfte im Besonderen gegen Viren vorhanden. Nochmals möchte ich in diesem Zusammenhang betonen, dass deine Seele mit ihren Erfahrungen jegliche Lebensvorgänge steuert, wirklich alle, und sie verkörpert all deine Vitalität, ohne dass es dir bewusst ist.

Und auch hier frage ich mich, ob ich es richtig verstehe: Erfahrene Seelen können die Lebensfunktionen von Viren nachahmen und in der DNA Veränderungen vornehmen?

Lehmann: Alle erfahrenen Seelen können das, und noch viel mehr. Wie du erkannt hast, gibt es sehr viele Viren, Bakterien und andere Mikroben, die euer Leben in Gefahr bringen können, und deswegen studieren die Seelen die Lebensfunktionen aller Mikroben. Je besser sie alle Lebensfunktionen der Mikroben erkannt und zu beherrschen gelernt haben, desto weniger anfällig ist der Mensch für Infektionskrankheiten. Die Stärke eines Immunsystems ist das Wissen der Seele über die Eigenschaften und Fähigkeiten der Kleinstlebewesen.

Haben alle Menschen, die anfällig für Infektionen sind, eine zu wenig begabte junge Seele?

Lehmann: Wenn ich dir diese Frage jetzt beantworte, wirst du sofort noch mehr Fragen über Infektionsanfälligkeit stellen. Eine solche Anfälligkeit kann verschiedene Ursachen haben. Deine Frage, ob Menschen krank werden, weil ihre Seele nicht genug Wissen hat, würde ich mit einem Ja beantworten. Nur ist das für das Leben kein Manko, denn es gibt keine Immunität ohne überstandene Krankheit, die dem Leben eben dieses Wissen zuträgt.

Wenn ein Mensch an Infektionskrankheiten leidet, gibt es mehrere Möglichkeiten. Nehmen wir zuerst eine unerfahrene Seele. Es besteht durchaus eine gewisse Wahrscheinlichkeit, dass die Seele gerade diese bestimmte Mikrobe noch nicht kennt und sie deshalb nur schwer beherrschen kann. Es kann aber auch sein, dass die Seele an einem Abwehrtrainingsprogramm übt, um ihre Fähigkeiten aufzufrischen. Genauso kann es sein, dass sie bewusst in die Infektion geht, um bessere Abwehrmethoden zu suchen und dann gegebenenfalls anderen Seelen mitzuteilen, wie die Mikrobe überwunden werden kann. Weitere Möglichkeiten bestehen darin, dass ein Organismus durch andere Krankheiten gezeichnet ist oder falsch ernährt wird oder dass plötzliche Belastungen unterschiedlichster und gravierender Art erfolgen. Dann kann die Seele mit ihren Fähigkeiten an die Grenze des Machbaren kommen. In der Natur kommt das jedoch selten vor.

Trotz all dieser Möglichkeiten könnte es aber doch sein, dass hinter einer Infektion eine junge oder unerfahrene Seele steht?

Lehmann: Alle Seelen haben ihre Entwicklungsprogramme absolviert, nehmen den Weg aus dem Mikrobereich über Pflanzen und Tiere bis hin zum Menschen. Am Anfang ist die Seele kollektiv tätig, indem sie für bestimmte Arten oder Gattungen mit zuständig ist und in diesen Bereichen ihr Wissen erwirbt. Der nächste Schritt der Seele findet ebenso im Kollektiven statt, aber jetzt schon in den höher entwickelten Lebewesen, wenn auch noch regional für bestimmte Gruppen, Herden, Schwärme oder Staaten. Dann spezialisiert sich die Seele, bis sie in der Lage ist, als Individualseele in einem Menschen höheres Bewusstsein zu entwickeln.

Wenn du von jungen Seelen sprichst, sind das Seelen, die sich in den ersten Reinkarnationen als moderne Menschen befinden. Das kann eine Seele vorübergehend überfordern, nicht weil sie Wissenslücken bei der Abwehr von Mikroben und bezüglich der Gesunderhaltung des Körpers hat, sondern weil sie mit einem menschlichen Organismus überfordert ist, der über seine Erbanlagen für diese Seele völlig neue und andere Reaktionsmuster bildet. Es kann auch an dem deutlich höher entwickelten Gehirn liegen, bei dessen Beherrschung die Seelen schon mal Probleme bekommen.

Das Gehirn aller gegenwärtigen menschlichen Kulturen ist zu einem großartigen biologischen Bewusstseinsspeicher herangewachsen, und alle Seelen halfen dabei mit, dass das gelang. Die Schwierigkeiten, die für junge Seelen dabei besonders in den ersten zehn Lebensjahren der Inkarnation entstehen, sind beträchtlich. Ein menschliches Gehirn der Neuzeit versucht, seinen Willen durchzusetzen, und möchte möglichst über alles mitbestimmen. Das ist vom Geist der Schöpfung so gewollt, denn das ist der Weg des in der Materie sich selbst erkennenden Bewusstseins, dazu ist es mit einem freien Willen ausgestattet. Und genau das ist für eine Seele am Anfang nicht unproblematisch. Es erfordert eine stetige Auseinandersetzung zwischen dem kleinen Ich (Gehirn) und dem wahren Ich (dem Gesamtbewusstsein oder Höherem Selbst). Diese ständige Rangelei zwischen menschlichem Bewusstsein (Gehirn) und dem Unbewussten kann eine Seele überfordern und dadurch Gesundheit und Selbstheilung beeinträchtigen. Je nachdem, wie man es betrachtet, kann das wie Schicksal, wie Karma aussehen.

Du beschreibst die Entwicklung der Seelen hin zum modernen Menschen in drei Phasen und sprachst von einer Seele, die als Kollektiv für eine Herde, ein Volk oder einen Schwarm zuständig ist. Wir kennen durch Beobachtung den Begriff Schwarmintelligenz. Hat das etwas mit diesem Seelenbewusstsein tun?

Lehmann: Natürlich, wie sollte zum Beispiel eine kleine Ameise wissen, was sie für ihr Volk zu tun hat? Irgendwie muss sie doch geführt werden! Das geschieht durch ein koordiniertes Bewusstsein aller, und das ist die Seele. Somit entsteht, wie ihr es ausdrückt, Schwarmintelligenz oder Herdentrieb. Bei vielen Tieren und anderen Lebewesen, auch bei Pflanzen, ist die Masse, die Herde der Schutz, und auch wenn ihr vieles als Instinkt betrachtet, geht doch der größte Teil der Kraft, die alles zusammenhält, von der Seele aus.

Ist die Seele auch für die konkrete Regeneration und Heilung des einzelnen Lebewesens innerhalb der Gruppe und der Völker und im Zusammenleben zuständig? Und warum muss eine Seele viele Leben lang insgesamt ein Drittel ihrer Entfaltung innerhalb dessen verbringen, was wir Schwarmintelligenz nennen?

Lehmann: Wie bei vielen meiner Erklärungen muss ich hier auf deinen Wortschatz und dein Wissen zurückgreifen, damit du mich besser verstehst. Du hast doch ein Buch geschrieben über die zwölf Grundprogramme des Lebens, und eines dieser Programme nennst du den Gemeinschaftssinn und hast erkannt, dass dieser Gemeinschaftssinn von großer Bedeutung für Familien, Gruppen, Gemeinschaften aller Art ist, bis hin zu Rassen und Staaten, Religionen und vielem mehr. Durch ihre Reinkarnationserfahrungen im Tier- und Pflanzenreich als Gruppenseele ist die Seele in der Lage, euer menschliches Verhalten in Beziehungen auf eine Weise zu formen, dass so etwas wie ein Kollektivbewusstsein entsteht.

Ein Bewusstsein für Zusammenhalt ist unbedingt notwendig, um sich selbst erkennendes Bewusstsein in der Welt der Materie erschaffen zu können. Dabei lernt die Seele, durch breit gefächerte Erfahrungen auf dem Gebiet der Regeneration und Heilung die Übersicht und Kontrolle über viele Einheiten gleichzeitig auszuüben und den Erhalt jedes Einzelnen in der Gruppe zu ermöglichen. Diese notwendige Entwicklung von Gemeinschaftssinn dient dann in höher entwickelten Lebewesen bis hin zum Menschen dem Zusammenhalt von Organen und Zellen innerhalb eines Gemeinschaftsbewusstseins oder Körperbewusstseins.

Jetzt drängt es mich doch zu der Frage, ob alle von mir erkannten und genannten zwölf Programme unseres Bewusstseins als Erfahrungen der Seele vorliegen? Werden schon vor der Geburt die Programme mit ihren Stärken und Schwächen von der Seele geprägt, und wenn ja, wie und wann?

Lehmann: Du sprichst damit etwas sehr Grundsätzliches an, denn ohne Formgebung, nennen wir es das Ablegen von Programmen, kann sich euer Gehirn nicht entfalten, nicht in Bezug auf den Körper und später auch nicht in Bezug auf das Denken. Nicht nur instinktives Verhalten, sondern auch die im vorherigen Leben erworbenen Talente benötigen einen Rahmen (ein Programm), um sich entfalten zu können. Diese seelische Programmprägung beginnt im Mutterleib. Sie ist das feinstoffliche Gegenstück zur DNA. So wie die DNA eines Menschen von seinen Ahnen und weiter zurück von der Entstehung des Lebens geprägt ist, werden in den Programmen alle Erfahrungen der Seele eingebracht. Diese Programmierung beginnt etwa hundert Tage vor der Geburt und muss achtundachtzig Tage vor der Geburt abgeschlossen sein. Damit ist die Basis für eine spätere Bewusstseinsentwicklung gelegt.

Werden bei dieser Programmierung denn auch unsere Charaktereigenschaften installiert?

Lehmann: Eure Charaktereigenschaften, Neigungen und Bedürfnisse und die sich daraus ergebende Lebensgestaltung sind das Ergebnis eurer Erfahrungen und Erkenntnisse aus vielen Vorleben. Eure Seele hilft euch dabei, durch bestimmte Eigenschaften euren Status zu verbessern. Sie ist maßgeblich mitverantwortlich, in Abstimmung mit eurem Höheren Selbst, die Charaktereigenschaften so zusammenzustellen, dass sie die bestmögliche Erfahrung mit sich bringen, wie man etwas nicht tun sollte.

Diese Charaktereigenschaften sind von Geburt an wirksam und entfalten sich im Rahmen der vorher angelegten Programme, Talente.

Wie kann ich mir das vorstellen? Wir sollen Erfahrungen sammeln, indem wir lernen, was wir nicht tun sollen? Ich dachte immer, Erfahrung und Wissenserwerb entstehen, wenn wir etwas bewirken und erkennen, wie man es bewirkt.

Lehmann: Wenn du einen Fehler begangen hast, welche Schlüsse ziehst du daraus?

Ich habe gelernt, mich zu fragen: Was muss ich unternehmen, damit mir das nicht wieder passiert? Auf diese Weise ergründe ich, was ich falsch gemacht habe, und nehme mir vor, diesen Fehler nicht zu wiederholen.

Lehmann: Leider ist das nicht immer so einfach, denn wenn Eigenschaften vorhanden sind, die Druck machen, etwas unbedingt erreichen zu wollen, dann fällt es diesen Personen schwer, nach eigenen Fehlern zu suchen. Darum wird bei der Zuteilung von Charaktereigenschaften versucht, eine Kombination zu finden, die dabei hilft, Fehler zu erkennen.

Du hast gesagt, etwa hundert Tage vor der Geburt beginnen Geist und Seele, die Basis für unsere Programme zu legen, und spätestens achtundachtzig Tage vor der Geburt ist der Vorgang abgeschlossen. Dazu habe ich zwei Fragen: Unsere Seele muss doch dann über unsere Eigenschaften unser Leben steuern. Hat sie denn bei der Auswahl der Eigenschaften ein Mitspracherecht? Und was geschieht dabei im heranwachsenden Gehirn? Wie funktioniert dieses Installieren von Charaktereigenschaften?

Lehmann: Der Seele geht es ähnlich wie dir mit deinem freien Willen. Sie kann einiges wünschen oder fordern, doch am Ende sind ihre Freiheiten begrenzt. Dein Höheres Selbst, in Absprache mit dem Kollektiv aller Höheren Selbste, bestimmt die Struktur der Programme und die Auswahl deiner Charaktereigenschaften. Die Seele hat dann die Aufgabe, die für die Charaktereigenschaften festgelegten Informationen in den bioenergetischen Schaltplan (Programme) und in die atomaren und molekularen Strukturen von Bauplan und Körperchemie (DNA) einzubauen. Diesen Vorgang beherrschen alle Seelen, denn es ist der gleiche wie der, den ich am Anfang unserer Unterhaltung über die Entwicklung des Lebens beschrieben habe – nämlich das Ablegen von geistigen Informationen in die materiellen Strukturen, die zu Speicherung und Wiedergabe befähigt sind.

Warum gibt es so viele Probleme bei der Entwicklung von Bewusstsein? Es muss sich doch um Probleme handeln, wenn ein beträchtlicher Anzahl von uns Menschen so viele schwierige Eigenschaften aufweist, die ihr Leben einengen und erschweren? Oder wie würdest du es sonst nennen?

Lehmann: Geh bitte davon aus, dass es einen Sinn hat, auch wenn du den Sinn vielleicht nicht erkennen kannst, weil du nicht in der Lage bist, die Vorleben der Menschen und ihre Entwicklung zu überblicken. Geh bitte davon aus, dass die Planung der Schöpfung den besten Weg für jede Seele vorgibt. Den gesamten Weg einer Individualseele kannst du in dem kurzen Zeitraum deines jetzigen Lebens einfach nicht überschauen. Dir geht es wie jemandem, der durch ein Kellerfenster auf einen Innenhof blickt und dann das Wetter eines Landes beschreiben soll, ohne von den Jahreszeiten zu wissen. Ja, so ähnlich geht es euch, wenn ihr nur einen Teilabschnitt betrachtet, das Leben einer Seele.

Kannst du aus deiner Sicht – ich nehme an, du kannst viele Leben überblicken – mir den Grund erklären, warum wir Menschen uns mit so vielen destruktiven Eigenschaften herumschlagen müssen? Ist das im Sinne unserer Entwicklung?

Lehmann: In der Tat kann ich ganze Reinkarnationsketten überblicken, denn Zeit gibt es für mich ja nicht und ich sehe das Sinnvolle und ebenso das Sinnlose in der Entwicklung einer Seele, wobei auch das scheinbar Sinnlose in Wahrheit seinen Sinn hat. Die Entwicklung einer Seele muss sich an sämtliche Gesetze der Schöpfung halten, um die Idee, die von der Schöpfung vorgegeben wird, zu verwirklichen. Das ist es, was ihr unter »Lebenssinn« versteht. Mit anderen Worten: Jede Seele wird in jeder Reinkarnation versuchen, Sinnvolles zu erwirken. Der tiefere Sinn für das Wirken einer Seele besteht darin, der Schöpfung zu dienen. Mit deinem »Kurzzeitgedächtnis«, deinem biologischen Wissensspeicher Gehirn, überblickst du nur den Bruchteil des Wirkens einer Seele in ihrer geistigen Existenz.

Bitte vergleiche niemals deine auf ein einziges Leben ausgerichtete Sichtweise mit dem Wirken deines Höheren Selbst und der Seele, denn du denkst nur mit einem Teil deines wahren Bewusstseins, und das auch noch als Gefangener der Zeit. Werde dir bewusst, dass das, was du hier auf der Erde siehst, was du fühlst und denkst und welche Schlüsse du daraus ziehst, nur ein kleiner Abschnitt deiner wahren Existenz als Geistwesen ist. Dein Höheres Selbst, dein wahres Ich, mit deiner Seele zusammen, wirkt gemeinsam mit vielen geistigen Wesen an einem gigantischen Projekt mit, Bewusstsein in den Dimensionen der Materie zu kreieren. Dein Körper mit allem, was er hergibt, dazu gehört auch dein Denken, ist Resultat dieser Verwirklichung, ein irdisches Bewusstsein zu erschaffen, das nun allmählich erlernt, wo es wirklich herkommt. Freue dich, dass du bewusst an diesem Prozess teilnimmst.

Danke, das freut mich durchaus, sogar sehr, und dass ich ein Teil dieses größeren Plans bin, ist mir schon seit längerem bewusst. Doch womit ich immer wieder hadere, sind die miesen Eigenschaften, die dermaßen viele Menschen an den Tag legen. Warum erlangen Menschen solche Charaktereigenschaften, die ihnen doch garantiert Probleme bereiten?

Lehmann: Du sprichst einen wichtigen Prozess menschlicher Entwicklung an, und im Grunde kennst du die Antwort. Warum gehören schlechte bis böse Eigenschaften zum Gesamtverhalten von euch Menschen? Ganz einfach: Sie dienen euch auf dem Weg der Erkenntnis, was auch die Frage beantwortet, wie lebendiges Bewusstsein arbeitet.

Wie lebendiges Bewusstsein arbeitet? Jetzt bin ich aber gespannt, wie du mir erklären wirst, was ich mir unter einem arbeitenden lebendigen Bewusstsein vorstellen kann.

Lehmann: Du wirst mir gewiss zustimmen, dass dein Unbewusstes, deine Seele, fast zu hundert Prozent deinen Organismus steuert, zu dem ja auch dein Gehirn gehört. Hast du dir einmal Gedanken darüber gemacht, wie deine Seele das macht? Ja, hast du, aber du bist dir nicht sicher, ob es wirklich so sein kann, wie du es vermutest. Deshalb fange ich jetzt ganz am Anfang an, damals, als die Notwendigkeit entstand, menschliche Eigenschaften zu deklarieren.

Als die biologische Entwicklung in den Lebewesen so weit fortgeschritten war, dass die Seelen erkannten, dass sie ein Gehirn haben, das in der Lage ist, dass das Bewusstsein sich selbst erkennt, wurde eine Sprache zwischen Körper und Seele entwickelt. In einer bipolaren Welt sind Gegensätze notwendig, denn nur durch Unterscheiden können Erkenntnisse gewonnen werden. Somit entstanden produktive und destruktive Eigenschaften. Wenn die Seele zum Körper spricht, darf sie sich nicht nur liebevoll ausdrücken, sie muss auch Strenge und Härte zeigen, denn das irdische Leben hat nun mal den freien Willen. Hinzu kommt, wie du erkannt hast: Leben lebt vom Leben, was bedeutet, es gibt in allem Lebendigen Opfer und Täter. Was wiederum bedeutet, Opfer müssen sich aufrüsten, um nicht unterzugehen. Somit entstand ein Waffenarsenal unter den lebenden Wesen, vom Stechen, Hauen und Würgen bis hin zu tödlichen Giften. Der Mensch ist von sich aus friedlicher Natur, nur durch seine Denkfähigkeit, Beobachtungsgabe hat er erkannt, wie es in der Natur vor sich geht, und um zu überleben, machte es der Mensch wie die Natur und ihre Geschöpfe: Er bewaffnete sich. So konnte er durch schnelleres Töten besser überleben. Und wie es unter Artgenossen ist, entsteht Futterneid mit entsprechenden Auseinandersetzungen, auch bei euch Menschen. So hat sich bei euch eine ganze Palette von niederen bis niederträchtigen Gemeinheiten eingeschlichen. Weil das nicht so bleiben durfte, wurden vom Geist und der Seele neue Erkenntniswege entwickelt. Die »Sprache der Seele« wurde erschaffen.

Die letzte Durchsage war eine der längsten, und ich hatte mich währenddessen über eine Stunde lang in Trance befunden. Mit hohen Erwartungen sah ich den weiteren Sitzungen entgegen, und als es zum nächsten Kontakt mit Lehmann kam, konnte ich es kaum erwarten, an diese Durchsage anzuknüpfen …

Die Psychosomatik

Du redest von der Sprache der Seele. Was ist das, diese Sprache der Seele? Kann ich die Sprache der Seele hören oder auf andere Weise wahrnehmen?

Lehmann: Du hast erkannt, dass Geist und Seele deinen Körper formen und dass die Seele ihn belebt. Die Seele ist der direkte, kontaktgebende Teil zweier unterschiedlicher Dimensionen, in denen Geist und Seele wirken. Die Seele ist ein Energiewesen, randvoll mit Informationen, die Materie dagegen eine plumpe Masse. Wie es den Seelen gelang, in der Materie Leben zu erzeugen, habe ich bereits beschrieben: durch Energie und Information. Dieser für dich unbewusste Vorgang hält dich und alle Lebewesen am Leben – aufgrund der Fähigkeiten, welche die Seelen während der Evolution des Lebens erlernt haben. Für die Steuerung der vielen verschiedenen Lebensprozesse setzt die Seele viele unterschiedliche Energiemuster zur Informationsübertragung ein. So kann sie praktisch mit Lichtgeschwindigkeit die Zellen der Lebewesen steuern. Es ist für dich eine unhörbare, eine unsichtbare Sprache – vergleichbar mit den Tönen, Klängen und Lauten der menschlichen Sprache, die du hörst, aber nicht sehen kannst. Es ist schwingende Information.

Die Sprache der Seele besteht also aus unterschiedlichen Frequenzen, die auf die verschiedenen Elemente der Materie abgestimmt sind? Verstehe ich das richtig? Und sie sorgt dadurch für die Kommunikation zwischen zwei Welten?

Lehmann: Vom Grundsatz her stimmt das, jedoch muss bei höher entwickelten Lebewesen die Sprache, die Steuerung durch Informationsübermittlung, ständig optimiert werden, besonders bei euch Menschen. Euer Bewusstsein expandiert mit einem sich immer weiter entwickelnden Gehirn, hinzu kommt das Höhere Selbst mit seinen Möglichkeiten. Weil es bei euch Menschen auch um Selbstbewusstsein und Sinnfindung geht, wurden die steuernden Frequenzen der Seele mit euren Charaktereigenschaften synchronisiert. Dadurch bekam jede Charaktereigenschaft einen ganz bestimmten Frequenzbereich mit spezifischem Muster. Alle Charakterfrequenzen sind so ausgelegt, dass sie identisch mit jenen Frequenzen der Seele wirken, die zur Steuerung von Zellen, Organen und Organfunktionen benutzt werden.

Jetzt habe ich einen Verdacht, und ich bin wirklich gespannt, ob es so ist, wie ich vermute: Wenn der Mensch eine Charaktereigenschaft besonders stark lebt, kann es dann nicht geschehen, dass er, ohne es zu wissen, die Lebenssteuerung der Seele zum Körper stört und dadurch Funktionsstörungen im eigenen Organismus auslöst? Entsteht so Krankheit?

Lehmann: So ist es, und deshalb habe ich diesen Vorgang die »Sprache der Seele« genannt. Die Sprache der Seele sind die vielen psychischen Eigenschaften, bipolar in Gut und Böse, vorteilhaft oder belastend aufgeteilt. Von diesen psychischen Grundbegriffen gibt es etwas mehr als tausend Wurzelbegriffe (ohne Umschreibungen). Jede dieser Eigenschaften hat ihre eigene Frequenz, ihre Wellenlänge, und diese wird gleichzeitig von der Seele für die Steuerung von Organfunktionen benutzt (nicht zu verwechseln mit dem Nervensystem). Die Seele spricht also über die verschiedenen Frequenzen eurer Eigenschaften zu eurem Organismus. Das ist die Psychosomatik, ein Teil eures Unbewussten.

Wenn somit ein Mensch eine oder mehrere seiner Eigenschaften besonders stark auslebt, wird der jeweilige psychosomatische Frequenzabschnitt überlastet, das kann bis hin zu Ausfällen der Organ- und Körpersteuerung gehen, es entsteht dann eine psychosomatische Erkrankung.

Jetzt verstehe ich auch, warum du dies die »Sprache der Seele« nennst. Die Seele spricht unhörbar zum Körper, und wenn wir uns auf eine Weise einmischen, durch die es zu psychischer Erregung kommt, leidet unser Organismus und wir erkennen über den Körper und durch unseren Körper, welche Verhaltensweisen wir besser bleiben lassen sollten. Der Körper zeigt es uns durch psychosomatische Erkrankungen. Das ist der Weg der Seele, uns mitzuteilen, was wir an uns ändern müssen.

Hast du vielleicht noch weitere Informationen, wie wir mehr über unser Körperbewusstsein herausfinden können?

Lehmann: Betrachten wir ein anderes Programm, wie du sie nennst, eure Emotionen. Dazu ein Beispiel: Euer Immunsystem muss mit aggressiven Kräften Keime bekämpfen. Dieses Vernichten, Abtöten von Keimen darf sich nicht in euer Denken und Handeln nach außen verlagern. Der Vernichtungskampf des Immunsystems auf mikroskopischer Ebene darf auf keinen Fall euer menschliches Verhalten bestimmen, so dass ihr in eurer Umwelt versucht, es dem Immunsystem nachzumachen. Das wäre fatal. Eure Organ- und Hormonsteuerung muss stets ein wohldosiertes Verhalten nach außen tragen, immer mit dem Ziel, dem menschlichen Verhalten mehr Harmonie zu verleihen. Eure Emotionen spielen dabei eine wichtige Rolle.

Halten wir zunächst fest: Emotionen fördern das Feuer des Lebens (aggressiv), können aber auch als wechselseitige Korrekturhilfe in der Entwicklung beruhigend (depressiv) einwirken. Emotionen können beschleunigen und bremsen, können euch hemmen oder fördern. Weil Emotionen allen Lebensfunktionen, Denkprozessen und auch Gefühlen Impulse geben, sie beschleunigen oder bremsen können, ist es buchstäblich eine Lebensaufgabe für die Seele, in allen Leben die richtige Dosierung zu finden.

Der längste Zyklus eurer Seele, der euch durch alle Leben begleitet, ist das Erlernen des sinnvollen Umgangs mit euren Emotionen. Von Leben zu Leben lernt ihr, jede Steigerung und jede Hemmung angepasster, dosierter einzusetzen, in Harmonie nach innen und nach außen. Auch hierbei hilft euch eurer Körper, er macht eure Emotionen über das körperliche Geschehen und in den Denk- und Handlungsprozessen sichtbar – besonders dann, wenn Gefühle in Wallung gebracht werden und das Mentale scheinbar ausgeschaltet wird.

Ich sagte vor ein paar Tagen, dass der Mensch von sich aus friedvoll ist, die Lebensbedingungen in der irdischen Evolution aber von euch verlangen, auch die Kehrseite der Friedfertigkeit zu durchlaufen. In der gegenwärtigen Phase eurer Entwicklung steht es für euch an, wieder zu einem friedvollen Wesen zurückzufinden. Ihr habt euch so weit entwickelt, dass ihr nun als menschliche Geistwesen, in Zusammenarbeit mit eurer Seele, auf dem Weg eures Bewusstseins lernt, alle Instanzen der Evolution zu überblicken. Die Erkenntnis wächst, dass euer Körper euch dazu dient, nicht nur die Schöpfung, sondern auch die Evolution zu verstehen und zu erkennen, welchen Sinn es hat, als friedvolles Wesen durch die harte Schule der irdischen Leben zu gehen.

Wenn ich mich in der Welt umschaue, dann ist dort nur wenig Friedvolles zu sehen. Wie kann ich deine Aussage verstehen, dass unsere gegenwärtige Aufgabe darin besteht, zu einem friedvollen Wesen zurückzufinden? Wie soll das gehen?

Lehmann: Nur wenn du in Epochen, nicht in Jahren denkst, wirst du die positive Veränderung erkennen. Fangen wir mit einem kleinen Abschnitt an – deinem jetzigen Leben. Du hast als Kind vor fünfundsiebzig Jahren den letzten Weltkrieg erlebt, doch seitdem gab es in deinem Land, Deutschland, keinen Krieg mehr. Solch lange Friedenszeiten gab es in den letzten tausend Jahren im Raum Deutschland noch nie. Oder nehmen wir deine Tätigkeit als Heiler. In den ersten dreißig

Jahren als Geistheiler tatest du etwas Verbotenes, Nächstenhilfe für Kranke außerhalb der Medizin wurde nicht geduldet, sogar bestraft. Heute gehörst du einem Berufsstand an, und deine Geistheiler-Tätigkeit ist erlaubt. Warum? Weil inzwischen nicht nur in Deutschland, sondern auch in vielen anderen Ländern weltweit angenommen wird, dass es Dimensionen außerhalb der sichtbaren Welt gibt, die von entsprechend Begabten als Hilfe genutzt werden können. Mediale Menschen zeigen überall auf der Welt, dass menschliches Bewusstsein in Räume vorstoßen kann, die außerhalb des Raum-Zeit-Kontinuums liegen. Diese medial begabten Menschen sind Wegbereiter für eine neue Sichtweise eures Bewusstseins, und – was sehr erstaunlich klingt – die Naturwissenschaften werden, obwohl sie es nicht wahrhaben wollen, beweisen, dass es jenseitige Dimensionen mit Bewusstsein gibt und dass diese als Lebenshilfe herangezogen werden können.

Deine Aussage tröstet mich, gibt mir aber keine Antwort auf das unvernünftige bis chaotisches Verhalten vieler Menschen. Der größte Teil aller Menschen hat heute eine Schulbildung, übt eine berufliche Tätigkeit aus und benutzt technische Geräte und Apparate. Sie sind also besser gebildet, und doch gibt es weiterhin Aggressionen unter ihnen. Andererseits sehe ich, dass viele sich bemühen, ein guter Mensch zu sein, dabei aber regelrechte innere Kämpfe austragen müssen. Wie passt das zusammen?

Lehmann: Du schaust wieder nur auf die Gegenwart. Wenn ich von einem friedvollen Wandel unter euch Menschen rede, dann gehe bitte davon aus, dass dieser Wandel sich über eine

Zeitspanne erstreckt, die Jahrhunderte andauern wird und später als Epoche betrachtet wird, so wie ihr heute über vergangene Epochen berichtet.

Dass der aufkeimende Bewusstseinswandel von vielen Menschen noch ignoriert wird oder dass sie gar nicht willentlich versuchen, sich zu ändern, hat viele Gründe. Für einen beträchtlichen Teil von euch stellt es ein erstrebenwertes Ziel dar, Macht über andere Menschen auszuüben. Dazu werden unterschiedliche Mittel eingesetzt, Geld und technisches Wissen einerseits, zum anderen Religionen, Ideologien und Desinformationen. Es gibt auch viele Menschen, die ihren eigenen Willen dazu benutzen, andere willenlos zu machen oder in Abhängigkeit zu bringen. Ein weiterer Grund, den aufkeimenden Bewusstseinswandel nicht mitzutragen, ist paradoxerweise euer Bedürfnis, »frei« zu sein. Ihr spürt diese Freiheit nicht und lebt stattdessen unbewusst Manipulation, nehmt euch »Freiheiten« heraus, mit denen ihr den Frieden anderer stört, aber auch das stößt den weltweiten Bewusstseinswandel weiter an. Eure Entscheidungen, Beurteilungen und Erkenntnisse sind erst dann von Wert, wenn ihr erkannt habt, wie es nicht geht und was man nicht tun sollte.

Beobachtet die Natur, von der euer Körper ein Teil ist. Sie wird euch zeigen, wie es nicht geht und was man nicht machen sollte. Ihr seid jetzt in einer Epoche, in der die Natur begonnen hat, euch zu antworten. Ihr lebt schon lange über eure Verhältnisse, beutet die Natur aus, und weil der Mensch zur Natur gehört, werden viele von euch ebenso ausgebeutet oder beuten sich selber aus. Ihr befindet euch mitten in einem selbstverursachten Drama der Menschheit. Klimawandel, Anstieg der Meere, Ressourcenmangel, Überbevölkerung, chemische Verseuchung und vieles mehr. Ein beträchtlicher Teil der Menschheit hat bereits erkannt, dass es so nicht weitergehen kann. Einige haben es nicht nur erkannt, sie handeln auch danach, doch von denen, die gegenwärtig auf eurer Welt Macht ausüben, sind bislang nur wenige wirklich bereit, die Belastungen für die Natur zu verringern.

Wenn ich deinen Worten folge, dann sind wir wieder bei Opfern und Tätern, einem Grundproblem der Evolution. Wie kommen wir aus dieser Grundstruktur im menschlichen Verhalten und Denken heraus? Einerseits ist die Polarität der Grundstein der Erkenntnis – so geht es, so geht es nicht.

Aber wie gelangen wir über das Ja-Nein-Denken, das Dafür- oder Dagegensein, hinaus in die Friedfertigkeit?

Lehmann: Es gibt nur einen Weg, und der heißt Symbiose. Das Gleichgewicht in der Natur zeigt es euch: Lernt, nicht in Gegensätzen zu denken und zu handeln, sondern ein Miteinander anzustreben, das sich gegenseitig ergänzt – wie Plus- und Minuspol bei einem Magneten oder der Haushalt von Basen und Säuren in eurem Körper, der nur deshalb ziemlich gut funktioniert, weil Basen und Säuren einander ergänzen, eine Symbiose bilden. Das bringt Harmonie und Frieden.

Jetzt hast du mir Zuversicht gegeben. In meinem Umfeld sehe ich immer mehr Menschen mit Symbiose-Bestrebungen, dadurch wirkt ihr ganzes Verhalten sympathisch. Kann es sein, dass aus einer perfekten Symbiose Liebe entsteht?

Lehmann: Das ist richtig. Liebe bedeutet verschmelzen, füreinander einstehen – ein Herz und eine Seele sein. Wenn ihr das Gegensätzliche zu lieben lernt, wird Frieden entstehen. Das versichere ich dir. Für viele Menschen ist das gegenwärtig noch unerreichbar, weil sie ihre Emotionen bisher nicht im Griff haben. Deshalb ist viel Aufklärungsarbeit nötig, besonders bei den Menschen, die Macht über andere ausüben und versuchen, die Natur zu manipulieren.

Sind wir Menschen nur deshalb in unserem Verhalten so verschieden, weil wir unterschiedlich viele Leben gelebt haben, oder gibt es einen anderen Grund dafür?

Lehmann: In den ersten Leben als Mensch ist die Unwissenheit groß und instinktives Entscheiden die Regel, meist mit großer Naturverbundenheit. Die ersten Lernprozesse für junge Seelen bestehen darin, das menschliche Gehirn mit seinen vielen Funktionen und Möglichkeiten erfassen zu lernen. In dieser Phase der ersten Leben ist keine große Vielfalt an menschlichen Verhaltensweisen vorhanden. Die jungen Seelen, die ihren Weg als Menschen in eurer heutigen Zeit beginnen, werden meistens in Gebieten entfernt von der Zivilisation geboren. Doch diese jungen Seelen sind nicht euer Problem, Schwierigkeiten bereiten die Seelen, die nach einigen Leben glauben, trotz ihrer noch geringen Erfahrung bereits mit erfahrenen Seelen mithalten zu können, die schon dreißig Leben und mehr durchlaufen haben. Wie alle menschgewordenen Seelen mit einem freien Willen werden sie, wenn sie sich benachteiligt fühlen, zu rebellieren beginnen, ohne zu erkennen, dass ihre Unerfahrenheit, ihr Unwissen die Ursache ihrer scheinbaren Benachteiligung ist.

Es werden aber nur wenige der unerfahrenen Seelen zum Problem für eure Gesellschaft. Der größte Teil von ihnen geht den Weg persönlicher Anhänglichkeit, zeigt ein fürsorgliches Verhalten und lässt vieles mit sich machen, bis hin zur Unterwürfigkeit. Das mag wie Schwäche erscheinen, doch es handelt sich um wichtige Erfahrungen, die ihnen in späteren Leben sehr nützlich sein werden.

Du sprichst des Öfteren davon, dass junge Seelen am Anfang Schwierigkeiten mit dem menschlichen Gehirn haben. Kannst du mir erklären, warum das so ist?

Lehmann: Alle Individualseelen müssen alle Lebensformen durchlaufen. Vor der Übernahme eines menschlichen Körpers inkarnieren die Seelen in Primaten. Diese Leben sind deshalb so wichtig, weil der Körperaufbau der Primaten mit Händen und Füßen vom Gehirn eine andere Art der Koordination erfordert als bei Vierbeinern. Auch die Nahrung und Verdauung der Primaten ähnelt der menschlichen Verdauung mehr als der anderer Tiere.

Trotzdem ist der Sprung in einen neuen menschlichen Körper eine Herausforderung, besonders wegen des größeren Gehirns mit den entsprechenden Fähigkeiten, dem Denken, Erinnern und Sprechen. Zudem benötigen diese Fähigkeiten mehr Zeit für ihre Entfaltung. Die jahrelange Kindheit und Jugend fällt vielen jungen Seelen schwer.

Dazu habe ich gleich zwei Fragen: Viele Biologen meinen, dass wir vom Affen abstammen. Was kannst du dazu sagen, und wie und wann entstand der erste Mensch?

Lehmann: Alle Lebewesen, auch der Mensch, haben einen gemeinsamen Ursprung in der Kreativität der Schöpfung. Geist und Seele haben die Evolution in Gang gebracht, der heutige Mensch ist aus einer Selektion hervorgegangen, die vor etwa siebzig Millionen Jahren begann. Wie ich schon sagte, ist es der Weg der Schöpfung, Bewusstsein in der materiellen Welt zu erschaffen. Vor siebzig Millionen Jahren erkannten Geist und Seele, dass die Evolution der Landtiere weit genug vorangeschritten war und nun der nächste Schritt in Richtung Selbsterkenntnis anstand. Es wurden viele voneinander unabhängige Entwicklungsprozesse begonnen, von verschiedenen Seelengruppen, an verschiedenen Orten der Erde. Dabei zeigte sich, dass die besten Möglichkeiten wohl dann gegeben sind, wenn die Lebewesen selbst kreative Fähigkeiten besitzen. Das war die Geburtsstunde von Tieren mit Händen und Füßen. Vor fünfzig Millionen Jahren waren die schon mit Händen und Füßen ausgestatteten Tiere noch sehr klein, doch über weitere Millionen Jahre mutierten sie zu verschiedenen, jetzt eher affenähnlichen Wesen. Die Wesen, deren Möglichkeiten am aussichtsreichsten schienen, wurden dann von Geist und Seele weiter gefördert.

Nun zu deiner Frage: Stammen die Menschen vom Affen ab? Die Wesen, aus denen sich Menschen und Affen entwickelten, waren noch keine Affen, Menschen und Affen entwickelten sich parallel zueinander. Es ist aber zu bemerken, dass die Vorstufen der Menschen einen ähnlichen Körperbau hatten wie die heutigen Affen. Ihre Entwicklung begann vor etwa fünf Millionen Jahren, an drei verschiedenen Orten der Erde.

Geist und Seele haben doch sehr starke schöpferische Fähigkeiten. Warum dauerte es so lange, Millionen Jahre?

Lehmann: Geist und Seele müssen sich an die Gesetze halten, welche die Schöpfung für eure Welt vorgesehen hat. Ein gesetzlicher Faktor ist die Zeit, die für die Evolution der Erde mitbestimmend ist. Dir ist bekannt, dass der Geist das Leben in einer breitgefächerten Form, über viele Organismen, energetisch steuert und so chemische Vorgänge auslöst, mit vielen Funktionen in Organen, Organismen, Arten und Stämmen. Alles beginnt im subatomaren Bereich, läuft über Atome, Moleküle, Zellen und steigert sich weiter in diversen Organismen, Pflanzen und Tieren. Auf dem Weg zum Menschen musste alles Lebendige ausprobiert und auf seine Eignung und Anpassungsfähigkeit überprüft werden. Dazu gehörte ebenso die Überwachung der Vererbung – Geist und Seele testeten auch hier die vielen Möglichkeiten dahingehend aus, wie erfolgversprechend sie waren.

Du hast dich mit den sieben harmonikalen Gesetzen beschäftigt und an einem von ihnen erkannt, dass Veränderungen in der Schöpfung immer nur in sehr geringem Maße möglich sind, weil die anderen Gesetze nicht verletzt werden dürfen. Das bedeutet auf das Leben bezogen, dass Mutationen, Veränderungen am Erbmaterial, nur in kleinen Schritten erfolgen können. Du hast die geduldeten Toleranzen als Dur und Moll beschrieben. Dieser Vergleich mit der Musik ist für euch hörbar und fühlbar. Werden in der Musik diese Toleranzen überschritten, klingen die Töne disharmonisch. So wird der Toleranzwert kleine Terz im Verhältnis zur großen Terz hörbar und bei größerer Abweichung zunehmend unausgewogen. Weil Geist und Seele sich an die gesetzlichen Vorgaben, also kleine Toleranzen, halten mussten und nach wie vor müssen, sind Veränderungen, Mutationen auf jeder Ebene nur in kleinen Schritten möglich. Alles braucht seine Zeit, sagst du ja zu Recht.

Das mit der Zeit ist für uns ohnehin ein Problem. Nehmen wir sie nicht als mathematische Größe, sondern als reale Erfahrung des zeitlichen Verlaufs, so können wir sie als gefühlte Zeit wahrnehmen. Wir wünschen uns, dass wir sie anhalten oder beschleunigen könnten. In vielen Dingen möchten wir die Zeit der Entwicklung beschleunigen, die Dauer von Veränderungen verkürzen, doch alles benötigt den zeitlichen Verlauf von Reifung und Anpassung. Daher ist für uns auch Ungeduld ein Problem. Ruhe, Gelassenheit sind eindeutig erstrebenswerte Eigenschaften, um vieles im Leben gründlicher zu machen.

Jetzt verstehe ich, warum junge Seelen so große Schwierigkeiten haben, wenn sie in unser zentrales Nervensystem einsteigen und alles, was das Leben bietet, durchleben, steuern müssen, und das mit über tausend möglichen Charaktereigenschaften. Es ist ein kaum zu bewältigendes Unterfangen und ein Glück, dass wir genügend Zeit dafür bekommen.

Lehmann: Die Charaktereigenschaften sind nur ein Faktor, hinzu kommen die extrem verschiedenen chemischen Prozesse in eurem Körper, und dann muss sich die Seele auch mit den ständig wechselnden Umwelteinflüssen auseinandersetzen. Außerdem hat sie einen Lebensplan mit diversen Lernaufgaben, die sie Leben für Leben erfüllen muss, damit euer Wissen, euer Bewusstsein als Mitgestalter in der Evolution vollkommener wird. Und all das Wirken, Anpassen und die Körperregulation durch eure Seele haben letzten Endes nur eines zum Ziel – die von der Schöpfung vorgegebene Bewusstseinsentfaltung in der Materie.

Es ist die ständige Auseinandersetzung mit eurem Verstand, mit dem Gehirn, das aus seiner Sicht glaubt, alles besser machen zu können und besser zu wissen, um das es hier geht. Und jetzt hat euer Wissen in der Biologie und über die bioenergetischen Prozesse sowie in allen anderen Wissenschaften ein Niveau erreicht, bei dem es nur eine Frage der Zeit ist, bis ihr zu neuen Erkenntnissen über das Leben gelangen werdet. Die schwerste Hürde dürfte aber darin liegen, Geist und Seele als die alles beherrschende Kraft anzuerkennen. Erschwerend kommen dabei eure Vorstellungen im molekularen Bereich über eure DNA hinzu. Ihr glaubt, der Ursprung und alle Steuerungen des Lebens wären in ihr enthalten. Dabei wird außer Acht gelassen, dass für eine Lebenssteuerung ein Bewusstsein nötig ist. Dieses Wissen könnte sich sehr schnell ausbreiten, sobald es zu einem Durchbruch bei den Messungen der Energien mit ihren Informationen kommt, die das Leben in eurer Welt erst möglich machen. Es sind die Energien, die auch in der Hypnose fließen, und es sind die gleichen, die auch als energetische Information von Geist und Seele benutzt werden.

Wie du schon sagtest, die Wissenschaften, die das Seelische bisher noch ablehnen, werden den Beweis finden, dass es ein Bewusstsein gibt, das aus einer höheren Dimension kommt und für das Leben zuständig ist. Siehst du einen zeitlichen Rahmen, wann dieser Durchbruch stattfinden könnte?

Lehmann: Es wird noch ein paar Generationen dauern, denn viele eurer Wissenschaftler werden für dieses Umdenken Jahrzehnte brauchen. Wahrscheinlich werden es von den Menschen selbst verursachte biologische Probleme sein, bei deren Lösung sich ihnen ein Weg zum Höheren Bewusstsein eröffnen wird. Der volle Durchbruch auf der Suche nach der Quelle des Lebens wird erst erfolgen, wenn die Physik eine Metaphysik entwickelt, die erklärt, wie über physikalische Prozesse aus einer höheren Dimension unsere Welt mit ihren Gesetzen beeinflusst wird.

Beim Geistigen Heilen geschehen immer wieder wundersame Dinge, von spontanen Regulierungen bis zu Entmaterialisierung, aber nur dann, wenn mediale Heiler geistige Informationen nutzen. Solche Veränderungen in biologischen und energetischen Strukturen können mit dem heutigen Wissen noch nicht erklärt werden. Doch sie zeigen, dass der Mensch unter bestimmten Bedingungen in der Lage ist, bestehende biologische und physikalische Grundstrukturen zu verändern, und das in einem Maße, das mit dem heutigen Wissen nicht erklärt werden kann.

Nach deinen Worten müssten mediale Heiler Transformatoren für höhere Dimensionen sein. Kannst du mir erklären, warum es einige wenige Menschen gibt, bei denen das geschieht, während bei anderen, die sich ebenso bemühen, unerklärliche Wunder ausbleiben? Woher kommt dieser Unterschied?

Lehmann: Es ist schwierig für mich, dir etwas zu erklären, das du nicht sehen und auch nicht in seinen Abläufen verstehen kannst. Dein Höheres Selbst und deine Seele sind pure Information mit schöpferischen Fähigkeiten – sie sind reines Bewusstsein. Im Verbund mit vielen anderen Seelen wurde vom höchsten allumfassenden Bewusstsein ein Gemeinschaftsprojekt entwickelt mit dem Ziel, Information, schöpferische Fähigkeiten und Bewusstsein in die unteren vier Dimensionen zu bringen, die für Geist und Seele eine erstarrte und unflexible Welt sind. Durch die Trägheit mit den endlichen Abläufen, die in euren Dimensionen herrschen, sind dem Prozess bestimmte Grenzen gesetzt, die es in den höheren Dimensionen nicht gibt. Erst als die Evolution weit genug fortgeschritten war und über genügend Bewusstsein, wie es bei euch Menschen in biologischer Form vorhanden ist, verfügte, fing das biologische Bewusstsein an, seinen Ursprung zu hinterfragen.

So begannen Menschen, nach dem Schöpfer aller Dinge zu suchen – aus der Überzeugung heraus, dass es ihn geben müsste. Der Begriff Gott entstand, und es entwickelten sich Religionen, Glaubensgemeinschaften, die – getrieben von einer unbewussten Sehnsucht – die Herkunft des menschlichen Seins erfahren wollten. Erst der Glaube, dass es einen Gott, ein höheres allumfassendes Bewusstsein geben muss, bot den Seelen eine Möglichkeit, die recht starren Grenzen zwischen den Dimensionen zu überwinden. Das war die Geburtsstunde der ersten Menschen mit Visionen einer jenseitigen Welt. Unter diesen Visionären gibt es große Unterschiede in ihrem Vorstellungsvermögen, in ihrem Glauben, besonders im Hinblick darauf, wie sie Imagination, Glaube und Wissen auf einen Nenner bringen.

Wenn wir vom Jenseits sprechen, verstehen wir darunter eine andere Welt, eine Geistige Welt ohne körperliche Strukturen. Muss der Mensch denn nicht erst eine klare Vorstellung von der Geistigen Welt entwickeln, bevor und wenn er in Kontakt zu dieser Geistigen Welt treten möchte?

Lehmann: Der Mensch mit seinem Denken hat Schwierigkeiten, sich eine klare Vorstellung vom Jenseitigen zu machen. Der Unterschied zwischen eurem Bewusstsein und den höheren Dimensionen ist so groß, dass diese nicht mit eurem Vorstellungsvermögen und eurem Denken beschrieben werden können, aber mit Hilfe der Seele kann es in Form sogenannter medialer Botschaften gelingen. Allerdings erweist sich dabei die Vorstellungswelt des Menschen mit seinem schablonenhaft auf den eigenen Erfahrungen beruhenden Denken oft als Problem, denn dadurch wird die Klarheit der Botschaften leicht beeinträchtigt. Dies führt dazu, dass die Einspielungen der Seele fast immer subjektiv sind und niemals die umfassende Wirklichkeit der höheren Dimensionen wiedergeben.

Der Weg, die subjektiven Vorstellungen hinter sich zu lassen, ist lang. Man kann es als eine seelische Erziehung des menschlichen Denkens ansehen, eine Befreiung von vorgefassten Erwartungen, Meinungen und Wahrscheinlichkeiten. Nur wenn menschliches Bewusstsein neutralisiert und ausgeblendet wird, etwa in der Trance, können Botschaften der Seele klar interpretiert werden. Doch es bleibt dennoch eine Erklärungsnot, weil das Gehörte oder Gesehene nicht zu den Bildern passt, die ihr von eurer Welt kennt.

Das muss ich leider bestätigen. Bin ich in tiefer Meditation oder Trance, nehme ich Töne wahr, die es in unserer Welt nicht gibt, sehe ich Farben, die in unserer Welt nicht vorkommen, und ich kann sie nicht mit Worten beschreiben, weil ich keine Worte für diese Töne und Farben kenne. Doch ich habe erkannt, dass das Unerklärliche durchaus als eine Realität wahrgenommen werden kann, besonders wenn die Eindrücke mehrmals hintereinander entstehen und auch einen bestimmten Einfluss auf unsere Welt ausüben.

Handelt es sich hierbei um das Erlernen der erweiterten Wahrnehmung, das du als zukünftige Entwicklung für uns Menschen betrachtest?

Lehmann: Euer Körper, euer Gehirn entwickeln sich immer weiter und haben jetzt eine Komplexität angenommen, die neben allen rationalen Entscheidungen auch Freiräume für Fantasie und Imagination geschaffen hat. Besonders euer Vorstellungsvermögen hat sich in den letzten zweihundert Jahren verbessert und ist der Grund für die technische Revolution, die euch gerade ins neue digitale Zeitalter führt.

Viele Seelen haben das erkannt und nutzen die menschliche Imaginationsfähigkeit nicht nur für eure Welt, sie stimulieren euch auch in der Meditation, damit ihr zusätzlich außersinnliche Fähigkeiten entwickelt.

Ich möchte es fast mit euren Astronomen vergleichen, die ins Weltall lauschen und sehen, weil sie wissen wollen, ob es irgendwo außerirdisches Leben gibt oder außerirdische Zivilisationen. Und so, wie Astronomen sich technisch aufrüsten mussten, um präziser und weiter in die Tiefen des Weltraums zu schauen und zu horchen, müssen Körper und Seele ein bisher nicht dagewesenes Rüstzeug entwickeln, um eine bessere Aufnahmefähigkeit zu erwerben, die den Kontakt zu höheren Dimensionen ermöglicht. Eure Seele kann das, es ist ja ihre ganz natürliche Aufgabe, zwischen Geist und Körper zu vermitteln. Nur die Empfangsstation, euer Gehirn, muss noch ein wenig besser justiert werden.

Es ist alles schon da und funktioniert über Intuition und Inspiration. Noch ist es eine Vorstufe, sagen wir wie eine Morsetaste im Vergleich zu einem Handy. Aber die Entwicklung läuft, und wie es mit der Evolution nun einmal ist, geht es langsam, in kleinen Schritten voran. Alles wird auf Tauglichkeit und Sinn in der Schöpfung erprobt, begutachtet und angepasst, und einige von euch sind schon recht gut angepasst.

Kannst du uns sagen, was wir von unserer Seite aus tun können, damit unser Gehirn empfangsbereiter wird? Du hast ja erklärt, dass alles schon da ist und viele Menschen Kontakt zu geistigen Wesen haben und pflegen. Doch andere schaffen das nicht, obwohl sie über die gleiche Gehirnkomplexität verfügen.

Was machen sie anders?

Lehmann: Medialität, Sprechkontakt zu Geistwesen oder das Abtrennen von Teilen des Bewusstseins vom Körper, zum Beispiel für Astralreisen, das alles hat nichts mit Wollen zu tun. An erster Stelle bestimmt die Seele über das außersinnliche Wirken, denn sie ist und bleibt der Vermittler. Erst wenn sie bereit ist, die dafür vorgesehenen Zellstrukturen im Gehirn »einzuschalten«, wird es gelingen. Intuition, ein Geistesblitz, ist die Vorstufe, aber wie der Name schon sagt, blitzt es nur kurz auf, und die Übertragung kann noch nicht über einen längeren Zeitraum aufrechterhalten werden.

Kannst du uns sagen, wo dieser Ausdehnungsprozess in zeitliche Abläufe hinein stattfindet? Geschieht das in den Zellen?

Lehmann: Die Übertragung findet in der Kundalini und in den Chakren statt, hauptsächlich im Scheitel- und Stirnchakra. Es ist der gleiche Vorgang, der ständig abläuft, um das Leben im Körper überhaupt erst zu ermöglichen. Die Seele mit ihren geistigen vitalen Strömungen hat sehr hohe Frequenzen, abgestimmt auf Molekularschwingungen, doch diese Schwingungen sind so hoch, dass sie für euch unbewusst sind und bleiben. Will die Seele diese sehr hohen Frequenzen spürbar, erkennbar werden lassen in der Wahrnehmung, auf die Denkprozesse eines Menschen übertragen, muss sie sie heruntertransformieren in den Bereich der Gehirnströme unter 14 Hertz. Je tiefer, desto besser, denn die Übertragung muss in die Frequenzen unterhalb des Tagesbewusstseins erfolgen, weil sich sonst die übermittelte Botschaft mit eurer auf eure Welt bezogenen Wahrnehmung vermischt. Und dadurch wird die Durchsage so verändert, dass sie zu eurem Wünschen und Sehnen passt. Deswegen rate ich, Botschaften nur ernst zu nehmen, wenn sie in tiefer Meditation, besser noch in einer Trance übertragen werden, weil dann das Tagesbewusstsein weitgehend ausgeschaltet ist.

Deine Aussagen erklären mir so manches. Ich habe schon einige Bücher gelesen, deren Text aus medialen Durchsagen bestand, wurde dabei aber den Eindruck nicht los, dass die Durchsagen irgendwie geschönt, angepasst wurden. Nicht mit Absicht oder sogar frei erfunden, sondern weil das Gehirn die Durchsagen in die Alltagswahrnehmung übertrug und das menschliche Denken sich einmischte und ungewollt Korrekturen vornahm.

Sehe ich das richtig, oder gibt es noch einen weiteren Grund für solche Verzerrungen?

Lehmann: Zunächst einmal trifft das auch auf unsere Kommunikation zu. Wenn ich dir etwas vermittle, muss ich auf deinen Wortschatz und dein Wissen zurückgreifen. Ich kann dir nichts erklären, für das du keine Worte oder Begriffe hast. Unsere mediale Verbindung besteht für dich schon über vierzig Jahre, und du hast meine Übermittlungen immer wieder auf ihre Richtigkeit überprüft und sie oft genug sogar infrage gestellt. Doch du kannst nicht verhindern, dass dein Denken meine Durchsagen mit weltlichen Dingen vermengt und du sie einfach deshalb für richtig hältst, weil sie zu deinem Weltbild passen. Andererseits, wenn du in tiefer Trance bist und dein weltliches Denken schläft und meine Botschaft quasi an deinem Denken vorbei in deine Erinnerungen, in dein Bewusstsein geführt wird, sind die Botschaften weniger verfälscht. Du nennst solche Eindrücke dann Hellwissen.

Vor ein paar Tagen sagte ich dir, dass euer Gehirn inzwischen weit genug entwickelt ist, um nun das allumfassende Bewusstsein anzuzapfen. Noch wird die Kommunikation geistiger Wesen mit deiner Seele einige Zeit wie bisher weitergehen. Wir helfen euch von unserer Seite, um diese Kommunikation aufzubauen, und eure Erfahrungen werden über die Vererbung weitergegeben. Somit ist eine ständige Entfaltung menschlichen Bewusstseins gegeben, mit dem Ziel, eine zweigleisige Denkform zu entwickeln, die zugleich bewusst und überbewusst ist, die mit uns ebenso gut kommunizieren kann wie untereinander.

Du hast mehrmals gesagt, dass wir Menschen Mitgestalter der Schöpfung sind und in noch größerem Maße werden. Was hat das mit unserer sich entwickelnden Medialität zu tun, oder wie muss ich den Begriff Mitgestalter verstehen?

Lehmann: Alle Lebewesen sind unbewusst Mitgestalter der Schöpfung, allein schon dadurch, dass sie durch Anpassung körperliche Veränderungen entwickeln. Euer Bewusstsein hat durch Forschung und Lebenserfahrung erkannt, dass ihr mitgestalten könnt, sei es durch bewusste Selektion oder durch das Wissen, wie man in das Erbmaterial von Pflanzen und Tieren eingreift. All das wird durch bewusst herbeigeführte Meditationen erlernt werden. Durch eure noch unbewusste Vermittlung zum Höheren Selbst, eurem geistigen Anteil an der Schöpfung, werdet ihr auch zum Botschafter eurer Mitgestaltung. Ihr werdet aber in der Zukunft noch viele Erkenntnisse über den freien Willen und die Mitgestaltung sammeln müssen, besonders darüber, welche Verantwortung ihr damit übernommen habt.

Ich habe beträchtliche Zweifel, dass es so bald eine neue Denk- und Handlungsweise geben wird. Die Versuchung, den eigenen Willen nur zum eigenen Vorteil einzusetzen, ist bei vielen Menschen zu sehen. Du sagtest außerdem, dass die Menschheit als Ganzes Schwierigkeiten mit jungen unerfahrenen Seelen hat, deren moralisches menschliches Verhalten durch ihre Unerfahrenheit noch sehr schwach entwickelt ist. Sie haben aber die gleichen biologischen, trainierbaren Gehirne, und damit sind sie auf Anhieb nicht als junge Seelen zu erkennen, erschweren jedoch unsere Entwicklung, indem sie aufgrund niederer Triebe handeln und oft schwarzmagisch wirken.

Hast du diesbezüglich vielleicht einen Rat für uns?

Lehmann: Die Erfahrungen, wie mit unerfahrenen Seelen umzugehen ist, habt ihr durch eure Kinder erlernt und wisst, wie wichtig Bildung ist. Außerdem kennt ihr und wendet ihr verschiedene Prüfverfahren als Eignungstests an. Du solltest dir keine Sorgen darüber machen. Viel wichtiger ist die Entwicklung einer neuen Spiritualität, die den Geist der Schöpfung und die Seele als strukturbildende Kraft des Lebens als gegeben ansieht.

Es gibt viele mediale Menschen, die wie du nach Erkennungsmerkmalen für junge Seelen forschen, die dann, wenn man sie identifiziert hat, eine besondere Schulung und Bildung bekommen, damit sie sich schneller integrieren können. Außerdem hast du selbst erkannt und es ist dir bewusst, dass Menschen mit bestimmten psychischen Auffälligkeiten ungeeignet dafür sind, Erfahrungen in tiefer Meditation zu machen. Ihr Bewusstsein ist noch nicht in der Lage, zusätzlich zur Entfaltung des Tagesbewusstseins Außersinnliches zu verarbeiten. Desweiteren hast du doch selbst ein Verfahren entwickelt, mit dem du Defizite im Gesamtbewusstsein eines Menschen aufdecken kannst, und wie du sagtest, kennst du die Defizite, die mit großer Wahrscheinlichkeit auf eine junge Seele hinweisen.

Geh den Dingen weiter nach, auch andere tun es. Dann werdet ihr Anzeichen, die auf junge Seelen hinweisen, finden, ohne lange Messreihen und Analysen durchführen zu müssen. Wie von selbst entwickelt sich dabei ein Schulungsprogramm, um die ethischen und moralischen Defizite der jungen Seelen auszugleichen – dafür sorgen wir schon.

Das war eine sehr bemerkenswerte Durchsage, wie ich fand. Ich erhielt sie im Jahr 2019, und wenig später wurde diese Botschaft auf die folgende Weise konkretisiert …

Lehmann: In etwa zehn Jahren werden mediale Heiler in Krankenhäusern versuchsweise mitarbeiten. Man wird erforschen, inwieweit mediale Heiler für Patienten und das Krankenhaus selbst von Nutzen sind. Es wird untersucht werden, ob eine schnellere Genesung zu erwarten ist und ob weniger Arzneimittel benötigt werden, wenn Heiler mitarbeiten. Wenn dann erkannt wird, dass eine Zusammenarbeit von

Medizin und Geistheilung für alle Seiten Nutzen bringt, wird eine neue Entwicklung eingeleitet. Und in etwa dreißig Jahren wird es Kliniken geben, in denen ausgebildete mediale Heiler gleichberechtigt mit den Ärzten für die Patienten da sein werden. Diese Heiler werden vorher in den Grundzügen der medizinischen Heilkunde ausgebildet, damit auf der sprachlichen Ebene eine gute Verständigung mit den Medizinern besteht. Bei den Patientenbesprechungen werden von Seiten der medialen Heiler die Stabilität der Seele und die damit verbundene Vitalität der Person beschrieben. Es wird besonders dasjenige durch den Heiler ergänzt, was die Schulmedizin nicht beherrscht, nämlich schicksalhafte und karmische Einschränkungen des Menschen zu erkennen. In der Therapie können dadurch die inneren und äußeren Bedingungen der Heilung besser berücksichtigt werden. Und das Mitspracherecht der Heiler wird dazu führen, dass bei bestimmten Patienten zunächst der Heiler therapiert oder, wenn notwendig, den Patienten für Eingriffe und Operationen bioenergetisch vorbereitet. Die Kosten in der Heilkunde werden um dreißig Prozent zurückgehen, wenn Ärzte und mediale Heiler gleichberechtigt über die Heilsstrategien einer Person sich absprechen und ihn dahingehend behandeln.

Diese letzten beiden Durchsagen vermittelten mir Zuversicht als Geistheiler. Ich treffe zwar immer wieder auf Mediziner, die gerne mit mir zusammenarbeiten würden, doch der größte Teil ihrer Zunft lehnt meine Behandlungsmethoden kategorisch ab. Deshalb fragte ich meinen geistigen Freund nach dem Grund für diese auffällig gegensätzliche Einstellung.

Lehmann: Mediziner, die deine Behandlungsmethoden ablehnen, verhalten sich menschlich ganz normal. Das menschliche Gehirn und das daraus entstandene biologische mentale Bewusstsein mit dem für das jetzige Leben geformte Wissen tun sich schwer, dermaßen konträre Ansichten und Handlungen zu akzeptieren. Ihr Wissen ist aus einem Studium hervorgegangen, das Geist und Seele vermissen lässt, und daher passt Geistiges Heilen nicht in ihr Weltbild und manche von ihnen halten es sogar für eine falsche, unwissenschaftliche Verhaltensweise. Diejenigen, die dich und dein Wirken gutheißen, haben in ihrem Leben durch Eltern oder Bekannte in Gesprächen oder durch Erlebnisse Gedanken entwickelt, die es zulassen, an eine höhere Macht, einen Schöpfer oder ein höheres Bewusstsein zu glauben. Ein weiterer Grund der Ablehnung ist der, dass sie sich einfach nicht vorstellen können, dass ein Mensch ohne medizinisches Wissen, nur mit Handauflegen oder Gebeten, ohne jegliche Heilmittel, Heilungen bewirken kann. Bestenfalls glauben sie, es wäre Suggestion.

Als ich diese Durchsage empfing, fiel mir sofort ein Erlebnis ein. Ich war wieder einmal in der Praxis eines Arztes, mit dem ich oft zusammenarbeitete, doch diesmal sah ein anderer Arzt zu, wie wir gemeinsam therapierten. Als durch meine Behandlung plötzlich eine Heilung entstand, die im Rahmen von Biologie und Medizin unmöglich zu erklären war, sagte der zuschauende Arzt zu mir: »Ich glaube, dass Sie heilen können, aber ich würde Sie niemals in meiner Praxis mitwirken lassen, weil ich es vor meinen Patienten nicht verantworten kann, wenn ein medizinischer Laie genauso erfolgreich heilt wie ich.« Er begründete seine Ein-

stellung noch mit dem Satz: »Ich habe ein langwieriges Studium und viele Jahre medizinischer Erfahrung, und deshalb darf ich nicht zulassen, dass ein medizinischer Laie genauso erfolgreich ist wie ich.« Nicht so drastische, aber doch ähnlich begründete Ablehnungen habe ich des Öfteren erhalten.

Deshalb fragte ich bei Lehmann nach, wie er sich so sicher sein könne, dass in wenigen Jahren in Kliniken Heiler zur Mitarbeit eingeladen werden. Diese Aussage fand ich mutig. Wie sollte denn dieser Sinneswandel so schnell vor sich gehen?

Lehmann: Der Sinneswandel, wie du es nennst, wird entstehen, weil viele Mediziner die Grenzen ihres Systems erkennen werden, in dem ausschließlich mit physischen Mitteln und Substanzen gearbeitet wird. Erwähnen möchte ich, dass eure Mediziner Großartiges mit ihrem Wissen und Können erreicht haben, doch ein großer Teil ihrer kranken Patienten ist chronisch krank, ist austherapiert, weil sie seelisch krank sind und mit schulmedizinischen Maßnahmen nicht mehr erreicht werden können.

Diejenigen Ärzte, die bei ihrem Wirken von Hoffnung und dem Wunsch zu helfen motiviert sind, jedoch nicht das Gewünschte erreichen, haben schon immer nach alternativen Methoden gesucht, und das wird sich noch verstärken. Erwähnen möchte ich hier die Placeboforschung, Homöopathie und Akupunktur. Dies sind Heilmethoden, die streng genommen nicht den Körper behandeln, sondern durch Information wirken.

Hinzu kommt noch, dass man mit Hilfe feinerer Messverfahren unerkannte biologische Steuerungselemente entdecken wird, die nur den Schluss zulassen, dass es hinter allem ein höheres Bewusstsein geben muss – ein Bewusstsein, das maßgeblich dafür verantwortlich ist, die Vitalität in allen Bereichen zu gewährleisten. Doch erst dann, wenn auch in den Lehranstalten diese geheime Kraft von Geist und Seele in Erwägung gezogen wird, kann es durch Forschung und neue Erkenntnisse ein Umdenken geben.

Wie ist es mit der Psychologie? Sie müsste doch die Existenz eines erweiterten Bewusstseins leichter anerkennen, zumal es ja die Sparte Parapsychologie gibt. Könnte nicht von dieser Seite ein Durchbruch zur Anerkennung von Geist und Seele erfolgen?

Lehmann: In der Parapsychologie haben wir die gleiche Situation. Wenn es um die Anerkennung eines höheren Bewusstseins geht, ist es dort nicht anders als in der Medizin oder auf anderen Wissensgebieten: Ein Teil der Experten lehnt eine höhere Ordnung ab, ein anderer Teil glaubt daran. Der Grund von Akzeptanz oder Ablehnung, von Glauben oder Unglauben liegt in dem Problem, dass die Existenz von Geist und Seele im wissenschaftlichen Sinne bislang nicht beweisbar ist. Erst wenn in der Physik eine Theorie und daraus ein Messverfahren entwickelt wird, das die Gesetze der höheren Dimensionen erfasst und ihren Einfluss auf euer Raum-Zeit-Kontinuum messtechnisch nachweist, wird in der Psychologie und Parapsychologie ein anhaltender Sinneswandel entstehen.

Du sagst, dass die vielen medialen Menschen die Vorreiter einer neuen Epoche für die gesamte Menschheit sind. Kann nicht von ihrer Seite die höhere Instanz von Geist und Seele bewiesen werden, so dass sie allgemein anerkannt wird?

Lehmann: Alle medialen Menschen bestärken diejenigen, die sowieso schon an diese höhere Instanz von Geist und Seele glauben. Doch eure ganze Epoche wird heute von wissenschaftlich begründbaren Gesetzen und Verfahren bestimmt. Du weißt doch, dass, wenn in einem Verfahren etwas begründet wird, stets hinzugefügt wird: nach dem heutigen Stand der Wissenschaft. Erst wenn dieser Stand der Wissenschaft sich durch neue Erkenntnisse ändert, können Geist und Seele aus dem Dunkel der Unterdrückung ans Licht treten. Nur daran zu glauben, bringt nicht den Fortschritt, der wissenschaftlich begründbare Beweis muss vorliegen. Aber der wird kommen – es ist lediglich eine Frage der Zeit, und wie ich schon erwähnte: Der Durchbruch wird gerade von denen kommen, die Geist und Seele jetzt noch stark ablehnen. Euer bislang fehlendes nachhaltiges Denken und Handeln, das nicht nur Einfluss auf euer Klima hat, sondern in allen Belangen eure Lebensgrundlagen untergräbt, wird und muss durch ein Umdenken ersetzt werden. Dieses Umdenken wird dazu beitragen, nicht nur anders zu handeln, sondern auch aufzeigen, dass wissenschaftliche Dogmen keine Struktur für eine heile Welt bieten.

Geduld und Zuversicht sind also gefragt, bis ein Umdenken einsetzt und neue Erkenntnisse hervorbringt. Deshalb möchte ich ein anderes Thema anschneiden.

Ist der Instinkt bei Tieren auch eine außersinnliche Wahrnehmung und lässt er sich vergleichen mit den menschlichen außer-

sinnlichen Wahrnehmungen? Vor allem möchte ich wissen, welche Energien solche Informationen liefern, die auf instinktive Weise gewonnen werden. Diese Frage stelle ich, weil sie in vielen Beratungsgesprächen mir gestellt wurde und ich dann leider immer nur Vermutungen äußern konnte.

Lehmann: Alle Informationen, die das Leben benötigt, werden von Energien übertragen. Das Leben wurde von Geist und Seele so entwickelt, dass auf diese Weise autarke, sich selbst verwirklichende Lebensformen entstanden sind. Dazu werden neben den geistigen Quellen, die wir das Höhere Selbst und das höchste Bewusstsein nennen, auch die energetischen Felder der verschiedenen Energieformen, die es in eurer Welt gibt, als Informationsträger herangezogen. Das führte zur Entstehung energetisch-biologischer Kommunikationsnetze der verschiedensten Art. Wie gesagt beziehen diese den größeren Teil der für ihr Funktionieren benötigten Energien aus den energetischen Feldern der Umwelt.

Zusätzlich werden aber alle Lebewesen noch von diversen kosmischen Energiefeldern durchdrungen, sozusagen darin gebadet. An erster Stelle ist dies die Gravitation, dann die kosmische Strahlung, die zu einem großen Teil von der Sonne kommt. Des Weiteren sind das Magnetfeld der Erde und die Luftelektrizität zu nennen. Das Leben, wie ihr es heute kennt, hat sich an diesen Energiemix angepasst und bezieht die Hälfte seiner Vitalenergie von dort.

Das ist die Grundlage, die das Übertragen von energetischen Informationen ermöglicht. Alle bekannten Energieformen eurer Welt können mehr oder weniger mit den euch unbekannten und den kosmischen Energien, nach denen du fragst, in Resonanz gehen. Sie sind Empfänger, Transformator und Vermittler in einem. Das sind die unbekannten und auch die kosmischen Energien, die Informationen vermitteln – aber nur, wenn sie mit den bioenergetischen Feldern, die das Leben nutzt, in Resonanz gehen.

Ich entnehme deinen Worten, dass du meine Frage nur indirekt beantwortest. Gibt es keine klaren Begriffe dafür?

Lehmann: Die gibt es natürlich, doch eure Physik hat noch keinen Namen dafür, weil diese »feinstoffliche Energie«, wie du sie nennst, bisher nicht messtechnisch erfasst und in ihren Eigenschaften beschrieben werden kann. Einige nehmen an, dass es möglicherweise eine Neutrino-Strahlung oder ähnliche masselose Teilchen sein könnten. Wieder andere glauben, dass es Frequenzen sind, die höher schwingen als die Gammastrahlung. Doch die Wirklichkeit sieht anders aus. Es ist eine Energieform, die sich anders verhält als die euch bekannten Energien. Alle euch bekannten Energien haben einen Wirbel- oder Wellencharakter, die »feinstoffliche Energie«, wie du sie nennst, hat einen pulsierenden Charakter oder, wie ich sage, eine Oszillation. Diese Oszillation kannst du dir wie ein Flimmern vorstellen. Sie ist in der Lage, Informationen auf eure Energien aufzupfropfen. Unter bestimmten Bedingungen kann diese pulsierende, euch fremde Energieform eure auf Wirbel und Welle basierenden Energien in ihrer Struktur und Art verändern. Betonen möchte ich hier, dass Geist und Seele die oszillierende Urenergie aus einer höheren Ordnung beherrschen und jederzeit in der Lage sind, eure Energien zu manipulieren.

Dazu habe ich sofort eine Frage: Viele Geistheiler, auch ich, haben des Öfteren erlebt, dass in einem Heilungsprozess Materie aufgelöst wurde, entmaterialisierte, oder dass bei anderen Behandlungen Materie entstand. Kann ich einen derartigen Vorgang so verstehen, dass die oszillierende Urenergie einer höheren Ordnung in der Lage ist, den Spin, die wirbelnden Felder der Elektronen und Protonen eines Atoms, aufzulösen, wodurch die Materie verschwindet?

Lehmann: Entsprechend eurer Denkart ist es zutreffend, es so zu beschreiben. Du hast es also sinngemäß richtig beschrieben. Das Gleiche gilt aber auch umgekehrt. Die oszillierende Energie ist in der Lage, alle Elementarteilchen herzustellen, die eure Materie bilden, indem sie äußerst kleine Wirbel entstehen lässt, die sich aufgrund ihres Wirbelns – des Spins – dann als Bausteine eurer Materie manifestieren.

Das kann ich gedanklich nachvollziehen, doch wenn bei einer Geistigen Heilung Materie entsteht, dann sind das keine winzigen Elementarteilchen, sondern es handelt sich um kompliziert aufgebautes menschliches Gewebe. Wie kann ich diesen Vorgang beschreiben, wenn man mich danach fragt?

Lehmann: Du vertraust doch bei deiner Heilarbeit auf das Mitwirken deines Geistführers, den du Oskar nennst, und Oskar wiederum vertraut auf deine Seele, und deine Seele vertraut auf deine Vitalität, deine Lebenskraft. So entsteht ein Übertragungsweg von der höheren Ordnung durch Transformation bis hin zu der von dir gewünschten Stelle. Wenn du so willst, ist Geistiges Heilen in euren Worten Teamwork, ein Gemeinschaftswerk. Du bittest darum, dass dir der Wunsch erfüllt wird, einen Menschen zu heilen. Deine Seele und dein Geistführer entscheiden, ob und wie es möglich ist, deinen Wunsch zu erfüllen, entweder durch spontanes Eingreifen oder indem über einen langsamen biologischen Genesungsweg der kranke Körper stimuliert wird, ohne dass materielle Veränderungen erfolgen. Kommt es zu einer Materialisation, also Bildung von Materie, geschieht es nach dem Bauplan der jeweiligen Person, in dem die gesamte molekulare Struktur aufgezeichnet ist.

Wie ich gelesen habe, wurde bei biologischen Untersuchungen von Heilungen durch Geistheiler festgestellt, dass in den Fällen, in denen Heiler Materie verändernde Prozesse ausführen, die Regulierung, der Aufbau oder Abbau von Materie, biologisch korrekt verläuft. Der einzige Unterschied ist der, dass, wenn die Geistige Welt eingreift, alles extrem beschleunigt geschieht, in einem viel größeren Tempo. Demnach ist also Zeit der Schlüssel für Spontanheilung, sehe ich das richtig?

Lehmann: Wir sprachen schon einmal über den Faktor Zeit, der für euer Universum eine stabilitätsgebende vierte Dimension ist. Ihr dürft sie euch bei solchen Heilungen nicht als Verlauf vorstellen, sondern nur als eine mathematische Größe. Heilungen aus dem Geist bedeuten ein Einwirken aus höheren Dimensionen, in denen die Zeit, wie ihr sie erlebt, nicht existiert. Bei einer Spontanheilung mit Gewebeveränderung wird aus dem höheren Bewusstsein zeitlos Einfluss genommen. Bildlich gesprochen, wird die Zeit, wie ihr sie kennt, zu einem Jetzt zusammengepresst, an den biologischen Abläufen, ob Aufbau oder Abbau von Gewebe, wird nichts verändert, alles wird nur nach eurem Zeitempfinden extrem beschleunigt. Du möchtest nun fragen, ob es auch eine Beschleunigung im Bewusstsein von euch Menschen durch geistige Mithilfe gibt. Für die Schöpferkraft, den Weltengeist, gibt es keine Begrenzung, und jede Intuition ist ein Hinweis auf geistige Führung.

Die irdische Wissenschaft hat viele der in unserer Welt vorkommenden Gesetze erkannt und beschrieben, und wir sind es gewohnt, uns an die beschriebenen physikalischen Bedingungen zu halten. Durch diese Gewöhnung fällt es uns schwer, etwas zu akzeptieren, das es nach den einmal fixierten gesetzlichen Grundlagen nicht geben dürfte. Also nennen wir es ein Wunder. Ich habe jedoch das Gefühl, dass hinter Wundern gesetzmäßige Abläufe stecken, die wir nur noch nicht kennen.

Kannst du mir aus deiner Sicht etwas dazu sagen?

Lehmann: Du hast recht, wenn du von gesetzmäßigen Abläufen sprichst. Gott, unser Schöpfer, hat als Erstes die Gesetze erschaffen. Sie dienen als Grundlage für alle Schöpfungsprozesse, in allen Dimensionen und auch in den Beziehungen der Dimensionen untereinander. In den Dimensionen, aus denen ich zu dir spreche, herrschen zum

Teil völlig andere Gesetze, die nicht mit den Bedingungen in euren Dimensionen vergleichbar sind. Zwischen deinen und meinen Dimensionen gibt es eine Abgrenzung, eine Art Puffer. Das ist eure vierte Dimension, die Zeit, eine Geschwindigkeitsmauer. Die Zeit garantiert, dass alles in euren drei Dimensionen nach euren Gesetzen abläuft, und sie ist eine Art Barriere zur Zeitlosigkeit in meinen Dimensionen. Ihr mit eurem auf drei Dimensionen ausgerichteten Bewusstsein könnt nur gedanklich, ohne es physisch zu erleben, die Barriere zur Ewigkeit, zur Zeitlosigkeit überwinden – zumindest in einem gewissen Maße. Geistwesen aus den höheren Dimensionen haben hingegen die Fähigkeit, in eure Zeiträume einzudringen. Sie benötigen dafür allerdings eine Seele, die schon viele Leben in einem menschlichen Körper durchwandert hat – und es ist nur dann möglich, wenn ein auf außersinnlichen Empfang trainiertes Bewusstsein (Gehirn) als Schaltstelle zu höheren geistigen Dimensionen genutzt wird. Ist die Person außerdem in Geistheilung ausgebildet, trainieren wir das Medium, damit es zeitliche Abläufe bis hin zu Sofortheilungen beschleunigen kann. Das Ergebnis ist dann für euch, weil ihr euch den Vorgang nicht erklären könnt, ein Wunder.

Ich habe beim Heilen mit geistiger Führung erlebt, wie eine Krankheit verschwand, indem die Entstehung der Krankheit in der Vergangenheit verhindert wurde. Die Kankheit verschwand dann erstaunlicherweise in der Gegenwart.

Ich bin mir nicht ganz sicher, wie ich mir das erklären kann, und bitte dich, mir dazu eine Antwort zu geben.

Lehmann: Euer auf eure Welt fokussiertes Bewusstsein kann sich nur gedanklich an vergangene Zeiten zurückerinnern, ihr könnt nicht körperlich in der Vergangenheit leben. Für uns gibt es diese Barriere nicht, denn unser Bewusstsein ist multidimensional ausgerichtet. Vergangenheit, Gegenwart und Zukunft sind für uns eine Einheit.

Ich möchte es dir an einem Beispiel verdeutlichen. Du kannst dir einen Film über vergangene Zeiten ansehen, vielleicht noch bestimmte Empfindungen zu dem Geschehen haben, mehr nicht. Wir Geistwesen, frei von einem Körper, begeben uns direkt in das vergangene Geschehen, sind dann Teilnehmer und können, wenn wir es wollen oder wünschen, in dieser Vergangenheit handeln. Deshalb ist es für uns möglich, über ein Medium unmittelbar dort einzugreifen. Für uns ist es einerlei, ob wir in der Gegenwart oder Vergangenheit eurer Dimensionen wirken, wir brauchen nur die Zeit zu verändern, die für euch eine physikalisch unüberwindbare Mauer ist. Doch solche in eurer Vergangenheit vorgenommenen Korrekturen unterliegen einer strengen Ordnung – bestimmten Voraussetzungen, wenn du so willst – und werden deshalb nicht immer Wirklichkeit.

Wenn du von einer strengen Ordnung und bestimmten Voraussetzungen sprichst, was kann ich mir darunter vorstellen? Ich weiß nur, dass mein Geistführer Oskar, wenn er durch mich mit Geisteschirurgie arbeitet, also Materie verändert, manchmal seinen eigenen geistigen Führer um Erlaubnis bittet. Kannst du mir über diese Hierarchie Auskunft geben?

Lehmann: Wir sprachen schon einmal über die verschiedenen Dimensionen der Schöpfung. Sie besteht aus einer Grundstruktur von drei Ebenen, ähnlich wie euer Gesamtbewusstsein aus der Dreiheit Körper-Seele-Geist besteht. Jede dieser drei Ebenen hat vier Dimensionen. Die oberste ist die Geistige Welt der Ideen, der Schöpfung – Gott. Uns Geistwesen in der mittleren Ebene geht es ähnlich wie euch: Wollen wir die nächsthöhere Ebene erreichen, den Geist, müssen wir einen Vermittler hinzuziehen, der das Bewusstsein hat, mit den geistigen Dimensionen in einen Dialog zu treten. Wollen wir euch helfen, eine Krankheit oder einen Unfall in eurer Vergangenheit so zu verändern, dass in eurer Gegenwart ein Problem verschwindet, holen wir uns ebenfalls geistige Unterstützung. Der Grund dafür ist, dass das gesamte »damalige« Geschehen, von der Entstehung bis in die Gegenwart, einbezogen werden muss, wenn wir in der Vergangenheit etwas verändern wollen. Unter schwierigen Umständen, besonders wenn noch andere Menschen darin verstrickt sind oder die Heilung kollektive Veränderungen zur Folge hätte, dürfen wir dann nicht eingreifen und helfen. Solche Prozesse, die schöpferisch das Karma eines Menschen oder die Natur beeinflussen würden, unterliegen unmittelbar der Schöpfung. Wenn die Umstände es ermöglichen, erhalten wir konkrete Hinweise, wie weit wir Einfluss nehmen dürfen.

Danke für diesen Hinweis. Ich möchte nun ein ganz anderes Thema ansprechen. Viele Menschen meditieren, schließen sich zusammen mit dem Ziel, die Welt zu retten, weil sie glauben, wir Menschen zerstören den Planeten Erde und gefährden nicht nur die Natur, sondern auch uns selbst. So wie ich das sehe, haben sie mit ihren Befürchtungen bis zu einem gewissen Grad recht, und ich begrüße dieses Handeln, solange ihre Aktivitäten friedlich bleiben. Leider sehe ich, auch wenn die Zahl der Aufbegehrenden wächst, nur einen geringfügigen Erfolg, weil die Manipulierer und Ausbeuter einfach weitermachen.

Sind wir jetzt an einem Punkt in der Entwicklung unserer Spezies angelangt, der unsere Existenz bedroht, oder gehört es zur Entwicklung unseres Bewusstseins, von uns selbst ausgelöste Katastrophen noch einmal mental zu durchlaufen?

Wird die Schöpfung weiterhin diesem unserem Verhalten zusehen, oder wird sie eingreifen? Ich frage das, weil du einmal sagtest, die Geistige Welt könne jederzeit in das Bewusstsein der Menschen eingreifen, wenn deren Verhalten dies erzwingt. Kannst du zu diesem Thema etwas sagen?

Lehmann: Du stellst eine knifflige Frage, weil du davon ausgehst, dass es einen Schöpfer, einen Gott gibt, der mit geistigen Helfern und Engeln euch nicht nur schützt, sondern auch mit Korrekturen strafend in euer Handeln eingreifen kann. Mehrmals erwähnte ich, besonders für deinen Bereich der Heilung, dass die Weiterentwicklung in der Heilkunde eine Frage der Anerkennung von Geist und Seele ist. Dies ist für alle erfahrenen Seelen kein Problem. Doch mehr als die Hälfte der Menschen sind junge Seelen.

Ich habe vorhin darüber gesprochen: Junge Seelen entfalten ihre Dynamik über und mit dem Körper und greifen manchmal unüberlegt in ihre Umwelt ein. Sie handeln oft nach dem Motto: Was nicht machbar oder messbar ist, wird machbar oder messbar gemacht. Das ist ein Stück weit auch verständlich, denn Gott hat den Menschen den freien Willen gegeben, weil Er es für erforderlich hält, dass ihr nicht nur durch Kreativität, sondern ebenso durch eben diesen freien Willen Wissen und Erkenntnis erlangt. Lange Zeit schien es auch keinen Grund zur Beunruhigung zu geben, Produktivität und Wachstum waren vorhanden, nur eine Sache wurde nicht beachtet, nämlich dass die Erde keinerlei steigende Produktivität und Wachstum aufweist. So kam es zu einer Überbeanspruchung aller Ressourcen, und das führt unweigerlich, wenn es nicht gestoppt wird, zu einem durch die Menschen verursachten Zusammenbruch von Wachstum und Versorgung. Zum Umdenken bleiben euch nur noch wenige Jahrzehnte Zeit. Wenn nicht spätestens in fünfzig Jahren eine deutliche Abkehr von diesem Denken und Verhalten eingesetzt hat, werdet ihr gezwungen sein, euer Verhalten, eure Einstellung zur Erde und allen Lebewesen dramatisch zu verändern.

Du hast schon auf die Diskrepanz zwischen jungen und alten Seelen hingewiesen und sogar gesagt, dass wir lernen können, junge Seelen zu erkennen. Könnte das helfen, zum Beispiel die Umweltzerstörung aufzuhalten?

Lehmann: Ich habe bereits erwähnt, dass in der Evolution alles recht langsam abläuft. Du kannst ein Umdenken und neues Handeln so schnell nicht erwarten.

Menschen, die sich verantwortlich fühlen, sprechen von der Gefahr einer Klimaerwärmung. Wird das beim Umdenken helfen?

Lehmann: Ein wenig. Die Klimaerwärmung bringt für das Leben so manche Herausforderung mit sich, auch örtliche Katastrophen, aber es ist nur ein Faktor von mehreren. Ein viel wesentlicherer Faktor ist die zunehmende Computerisierung in allen Bereichen und die globale Ausweitung der Pharmaindustrie. Ein weiterer Faktor, der mit Big Pharma in unmittelbarem Zusammenhang steht, ist die Nahrungsmittelindustrie. Eure sogenannten zivilisatorischen Errungenschaften erleichtern euch zwar das Leben, aber sie zerstören und vergiften auch die Natur – die eures Planeten und des Menschen. Dabei vertraut ihr weiter darauf, dass Medizin und Wissenschaft alles richten werden, wenn etwas schiefgeht. Was aber zur Folge hat, dass die Natur und der Mensch immer kränker werden.

Erst wenn mindestens fünfzig Prozent der Bevölkerung weltweit das Problem erkannt hat und zu entsprechenden Veränderungen bereit ist, kann ein Neubeginn erfolgen, aber das wird noch eine gewisse Zeit dauern.

Der Mensch ist von Natur aus sehr kreativ und anpassungsfähig, und viele haben inzwischen eine hervorragende Ausbildung. Warum führt das nicht zu intelligenten Erkenntnissen und zu einer naturverbundenen Lebensweise?

Lehmann: Euch blockiert euer Glaube an Wissenschaft und Technik. Ein großer Teil der Menschen setzt darauf und wird immer bequemer durch die vielen technischen Hilfsmittel. Die größte Gefahr liegt dabei im Denken – oder sollte ich sagen, im mangelnden Denken? Der bequeme Mensch setzt auf Theorie und Meinung, möglichst auf die anderer, ihm zugetragen über eure Massenmedien. Wenn er etwas wissen will, googelt er es im Internet. Das ist eine wunderbar bequeme Art, an Wissen zu gelangen. Doch leider ist dieses abgefragte Wissen, das ihr euch nicht selbst angeeignet habt, totes Wissen, ohne Selbsterkenntnis und ohne Selbsterfahrung. Tief innerlich macht euch das Angst, weil dort draußen im Netz ein machtvolles Wissen vorhanden ist und es Menschen gibt, die sich das alles zunutze machen und dadurch indirekt die Welt beherrschen. Ohne diese Technik, ohne Computer und Künstliche Intelligenz kann das technische Zeitalter aber nicht funktionieren, meint ihr.

Deshalb scheint ein Weiterso der einzig mögliche Weg zu sein – und der Glaube und das Vertrauen in das technologische System bleiben weiterhin stark.

Mit anderen Worten, wir kommen aus dem Schlamassel, den wir uns eingebrockt haben, vorläufig nicht heraus. Siehst du wenigstens einen gewissen Lichtblick für unsere Spezies?

Lehmann: Es gibt nur zwei Wege, die ihr einschlagen könnt. Die Gruppe, die das ganze Drama erkannt hat, muss durch maßvolles Argumentieren wachsen, das ist euer praktischer Faktor. Parallel dazu müssen Geist und Seele in die Fragen einbezogen werden, was Leben und was der Sinn des Lebens ist. Wenn das nicht durchdacht und bei kommenden Handlungen berücksichtigt wird, bleibt nichts anderes übrig als ein schmerzhaftes korrigierendes Eingreifen der Natur selbst. Neben vielen anderen Geistwesen tragen wir beide mit den

Dialogen und Informationen in diesem Buch einen kleinen Teil dazu bei, mehr Ehrfurcht vor der Natur und dem Leben zu wecken, und auch das wird helfen.

Leider erstrecken sich, wie du sagst, solche Entwicklungen über lange Zeiträume, und so werden sich wohl, wenn alles gutgeht, mit den Wunden, die der Mensch der Natur – auch seiner eigenen – zugefügt hat, noch zwei oder drei weitere Generationen auseinandersetzen müssen. Jedenfalls kommen wir um eines nicht herum: Wir müssen die Erde heilen.

Mich beschäftigt eine weitere Frage: Die Menschheit ist schon sehr alt, und wir hatten in allen Kulturen seit Jahrtausenden Vernichtungskriege. Gleichzeitig haben uns einzelne Menschen mit hohen ethischen und moralischen Werten immer wieder gewarnt und uns mitgeteilt, was wir Menschen falsch machen. Warum setzen sich die Ansichten, Erkenntnisse und Werte dieser weisen Menschen nicht durch? Das gilt besonders für die letzten drei Jahrhunderte mit den explosionsartigen Erkenntnissen durch die Wissenschaften und die dadurch entstandenen Industrialisierungswellen, die mit der hierzu parallel forcierten Schulbildung der Massen einherging. Nun heißt es, dass der Mensch ein lernfähiges Wesen ist, trotzdem habe ich den Eindruck, die Menschheit hat seit langer Zeit nichts hinzugelernt. Ist unser Bildungssystem falsch, oder gibt es dafür einen anderen Grund?

Lehmann: Ich kann dir nur empfehlen, einen Blick auf die Nationen zu richten, in denen das Durchschnittsalter deutlich niedriger ist als bei euch. Dort sind demokratische und soziale Staatsformen noch kaum oder gar nicht möglich.

Einer der Gründe sind die vielen jungen Menschen, die in diesen Staaten keine Perspektive haben und dann auch noch ideologisch verführt werden.

Ähnlich ist es mit der Reinkarnation der vielen jungen Seelen. Aufgrund der extrem guten Möglichkeiten in eurer Epoche, mit Schulbildung, wissenschaftlichen Erkenntnissen, sozialen Errungenschaften, rechtlicher Ordnung und Freiheit, drängen viele junge Seelen auf die Erde. Sie bekommen über das körperliche Erbe, unabhängig von ihrer Reinkarnationserfahrung, ein trainierbares Gehirn und in vielen Ländern eine Schulbildung, aber sie hatten erst wenige Vorleben und haben daher nur wenige der so wichtigen zwischenmenschlichen Verhaltensweisen erlernt.

Es sind Verhaltensweisen, die zu erlernen und beherrschen eine Seele mehr als zwanzig Leben benötigt. Vor allem geht es um Lernprozesse wie diese: Abbau von emotionaler Aggressivität und Gier, Entwicklung von Gemeinschaftssinn und Harmoniebedürfnis, Akzeptieren von Gesetzen und unterlassen von Vorverurteilung. Sind diese Eigenschaften schwach oder gar nicht vorhanden, sind junge Menschen ideologisch und auch religiös verführbar.

Das Problem hat es schon immer gegeben, nur wird in eurer Zeit mit einer weltweiten Berichterstattung, an der auch junge Seelen mitwirken, alles dramatisch hervorgehoben, und die gut gemeinten Worte und Taten der älteren Seele verhallen im Getöse der dramatischen Berichterstattung. Aber sorge dich nicht darum. Die Vernunft wird sich durchsetzen, und die Natur, die Schöpfung, wird korrigierend eingreifen, wenn sie es für nötig befindet. Der Geist und alle Seelen haben den

Schöpfungsgedanken schon so weit entwickelt, haben materielles Bewusstsein erschaffen, das bereit ist für den nächsten Entwicklungsschritt, und deshalb gibt es auch weiterhin geistige Unterstützung und keine Zurückentwicklung.

Mit eurer Hilfe müsste die Menschheit es schaffen, den Schaden an der Natur wiedergutzumachen, und wenn ich mein Augenmerk auf die vielen diesbezüglichen Bemühungen richte, ist auch zu erkennen, dass ein Umdenken eingesetzt hat. Aber es ist leider genau so, wie du sagst. In der Evolution läuft alles sehr langsam ab, also dürfte es wohl noch gut zweihundert Jahre dauern, bis es der Natur gelingt, sich zu erholen.

Lehmann: Unter besten Bedingungen, ja. Es hängt davon ab, wie schnell die vielen neuen wissenschaftlichen und spirituellen Erkenntnisse sich manifestieren und auch gelebt werden.

Was meinst du mit neuen wissenschaftlichen Erkenntnissen?

Lehmann: In allen Bereichen der Wissenschaft sind immer mehr Menschen nicht länger bereit, die bisher festgeschriebenen Grenzen – ich möchte sogar sagen Dogmen – hinzunehmen. Sie suchen nach Wegen, diese Grenzen durch neues Wissen niederzureißen. Einer der ersten und wichtigsten Schritte, die ihr gehen werdet, wird eine Umverteilung und Neuordnung in der Nahrungsmittelerzeugung für die Menschheit sein.

Was bisher noch nicht im vollen Umfang erkannt wurde, muss euch bewusst werden: Ganz wesentlich sind das

Wachstum und die Qualität der Pflanzen. Sie haben ein enormes Potenzial, und es wird Zeit, dass ihr lernt, euch mit dem Bewusstsein der Pflanzen zu verbinden. Sie sind die Grundlage für alle anderen Lebewesen und von der Schöpfung dazu entwickelt worden, dem höheren Bewusstsein und anderen Lebewesen zu dienen.

Es geht darum, in der jetzigen Epoche wieder ein Bewusstsein der Zuwendung und Dankbarkeit zu entwickeln, das durch den Einsatz von Landmaschinen verloren ging. Die verloren gegangene Zuwendung kann auf der spirituellen Ebene wieder herbeigeführt werden, so dass eine Kommunikation mit den Seelen der Pflanzen möglich wird.

Meinst du damit, dass die industrielle Landwirtschaft abgeschafft werden soll?

Lehmann: Das wird angesichts der vielen Menschen, die jetzt auf der Erde leben, nicht gehen. Ich sehe aber, dass sich eine bewusstere Landwirtschaft entwickeln wird. Sie wird einhergehen mit einem Gefühl der Dankbarkeit des Menschen gegenüber den Pflanzen. Immer mehr Menschen werden Pflanzen als das ansehen, was sie ihrem Wesen nach sind: ein Geschenk der Evolution, der Schöpfung, denn ohne Pflanzen keine Tiere und auch kein Mensch. Diese spirituelle Dankbarkeit muss in allen Ländern von der Politik, der Wissenschaft und jedem Einzelnen vermittelt werden. Wenn das geschieht, werden die Pflanzen ihr fast unbegrenztes Potenzial für besseres und erhöhtes Wachstum einsetzen.

Dann steht uns aber, wenn wir das erreichen wollen, ein kaum zu glaubender spiritueller Bewusstseinswandel bevor.

Siehst du das als unsere Zukunft?

Lehmann: Nun, das wird nicht in den nächsten Jahren geschehen, obwohl ich überall schon Hinweise darauf sehe. Es wird noch – ich möchte keinen genauen Zeitraum nennen ... also, jedenfalls mehr als einhundert Jahre dauern. Vorher und gleichzeitig wird es auf anderen Gebieten rasante Entwicklungen geben, die diese Zuwendung zu den Pflanzen unterstützen. Ihr werdet eine spirituelle Ethik entwickeln.

Meinst du damit die steigende Zahl von medialen Menschen, die Erkenntnisse über den Zugang zum höheren Bewusstsein an andere weitergeben?

Lehmann: Mediale Menschen werden in ihrem Umfeld dazu beitragen. Entdeckungen und physikalische Erkenntnisse im Bereich der Teilchenforschung werden die Berührungspunkte zwischen eurem Kosmos und den höheren Dimensionen aufzeigen, wodurch sich eine übergeordnete Physik entwickeln und euch helfen wird, euer Energieproblem zu lösen.

Meinst du damit die Freie Energie, mit der doch schon so viele Menschen experimentieren?

Lehmann: Die Gewinnung von Raumenergie oder, wie ihr sie nennt, Freier Energie ist ein Faktor, aber viel wichtiger wird es sein, die Berührungspunkte zwischen eurer Welt und den höheren Dimensionen in ihren Gesetzmäßigkeiten zu verstehen. Das wird einen ähnlich starken Einfluss haben wie die Entdeckung der Elektrizität. Ihr könnt elektrische und magnetische Energien nicht sehen, aber ihr könnt sie herstellen und technisch nutzen. So wird es auch mit der weithin eingesetzten Freien Energie sein. Sie wird von Nutzen sein, aber durch das Einbinden höherer Dimensionen auch die Bewusstseinserweiterung voranbringen.

Dabei wird der Mensch auf Künstliche Intelligenz angewiesen sein, weil euer Gehirn noch nicht die Leistung erbringt, höhere Dimensionen zu erfassen.

Unser Gehirn und unser Körper sind sicher die Schwachstellen bei Kontakten mit verschiedenen Energien. Selbst vor direkter Sonneneinstrahlung müssen wir uns schützen, und auch elektromagnetische und andere Strahlen sind für uns belastend.

Wenn du sagst, dass unser Gehirn die höheren Dimensionen noch nicht verkraften kann, hat es dann überhaupt einen Sinn, Bewusstseinserweiterung voranzutreiben?

Lehmann: Ich meine damit nicht die Strahlenbelastung. Das, was euch zu schaffen macht, ist die Multidimensionalität. Die so ganz andersartigen Eindrücke sind einfach eine Überforderung für euch. Mit der vierten Dimension, der Zeit, habt ihr schon Schwierigkeiten, und wenn dann noch weitere Dimensionen hinzukommen, ist euer Bewusstsein aufgrund der Struktur eures Gehirns überfordert. Nur wenn wir Geistwesen die Transformation übernehmen, bekommt ihr Einblicke in die höheren Dimensionen. Anders ist es, wenn der Bau eines

technischen Transformators gelingt, der in der Lage ist, die Freie Energie anzuzapfen, um dadurch Elektrizität zu gewinnen. Diese Art der Energiegewinnung bringt keine Überforderung oder Belastung für euch mit sich.

Weil du in die Zukunft sehen kannst, habe ich noch eine andere Frage an dich. Wird es uns Menschen erlaubt sein, auch das Rätsel der Schwerkraft zu lösen, und werden wir eine Technik der Antigravitation entwickeln?

Lehmann: Viele Lebensformen in anderen Sternensystemen haben die Beherrschung höherer Dimensionen erreicht, und dazu gehört auch die Neutralisation der Schwerkraft. Ihr würdet euch wundern, wenn ihr wüsstet, was auf eurem Planeten in dieser Hinsicht bereits geleistet wurde.

Wenn euer kollektives Bewusstsein die Schwelle zur Multidimensionalität erreicht hat, werdet ihr mit diesen Techniken souverän umgehen.

Dazu möchte ich gern noch eine ganz andere Frage stellen. Wir beobachten hier auf der Erde Flugkörper, die eindeutig nicht von unserer Welt sind, UFOs, die Manöver fliegen, die es nach unseren Gesetzen gar nicht geben dürfte. Sind das Außerirdische, die uns besuchen, und warum können sie diese scheinbar unmöglichen Flugmanöver durchführen?

Lehmann: Ihr werdet schon immer ab und zu von außerirdischen Wesen besucht. Einige von ihnen teleportieren mit Flugapparaten, die ihr sehen könnt, andere sind für euch nicht wahrnehmbar, weil sie aus einer höheren Dimension zu euch kommen. Es sind Lebewesen, welche gelernt haben, die euch gegebenen Zeitmauern zu durchbrechen und in höhere zeitlose Dimensionen einzudringen.

Im Zeitlosen – dem Reich der mathematischen, nicht der verstreichenden Zeit – können sie für euch unüberwindbare Entfernungen überbrücken und »Geschwindigkeiten« erreichen, die es in eurer Dimension nicht gibt.

Wodurch oder womit ist ihnen das möglich?

Lehmann: Dieses Wissen haben sie erlernt. Sie können sich und ihre Geräte in höhere Schwingungszustände versetzen, was es ihnen ermöglicht, ohne zeitliche Verzögerung von einem Ort zum anderen zu reisen. Es geht dabei nicht um »Geschwindigkeit«, sondern um Portale und Wurmlöcher. Wenn sie wieder in eure vierdimensionale Welt eintauchen, bleiben sie gleichzeitig in den höheren zeitlosen Dimensionen. Sie haben diese Technik entwickelt, wobei der Begriff Technik nicht ganz zutreffend ist, weil es sich dabei um mehr handelt. Sie haben die dafür nötigen Gerätschaften an Bord, teilweise sind sie aber auch ein Ausdruck ihrer Psyche, ihrer natürlichen Schwingung. Sie bilden um sich herum eine für euch unsichtbare Blase höherer Ordnung, die es ihnen erlaubt, diese für euch unvorstellbaren Manöver kraft der Technik und kraft ihres Gewahrseins durchzuführen.

Dazu möchte ich eine parallele Frage stellen. Einige Heiler auf der Erde beherrschen beim Heilen eine Methode, die es nach un-

seren allgemeingültigen Erfahrungen nicht geben dürfte. Sie greifen mit bloßen Händen in den Körper eines Menschen, verändern etwas, oder manchmal holen sie auch etwas heraus, und danach schließt sich alles wieder, ohne dass genäht werden muss. Seltsamerweise spüren die Klienten dabei keinerlei Schmerz. Hat das auch etwas mit den höheren Dimensionen zu tun?

Lehmann: Es geht stets um Schwingungszustände. Wie bei allen Heilungen aus dem Geist liefern die höheren Dimensionen, die dem Geist zugeordnet sind, die Informationen und erzeugen die für euch unerklärlichen Ereignisse. Bei den geisteschirurgischen Eingriffen, von denen du sprichst, ist es nicht der Heiler, der die scheinbaren Unmöglichkeiten erzeugt, sondern sein geistiger Helfer, der um die Hand des Heilers ein Feld höherer Dimensionen erzeugt und damit die körperlichen Strukturen scheinbar auflöst. Der Geistführer erschafft um die Hand des Heilers einen erhöhten Schwingungszustand, lässt ein multidimensionales Feld um die Hand des Heilers entstehen, und in diesem Feld verschwindet für euch das Körpergewebe und taucht sofort wieder auf, wenn die Hand mit dem umgebenden Feld höherer Schwingungen aus dem Körper gezogen wird.

Wenn du mit deinem Heilhelfer Oskar Behandlungen durchführst, geschieht bei Gewebeveränderungen genau das Gleiche. Nur mit dem Unterschied, dass ihr beide nicht in den Körper hineingreift, sondern der geistige Helfer durch deine Finger oder Hände zielgerichtet Felder höherer Dimensionen dorthin führt, wo sie hin sollen. Er erzeugt ein kleines multidimensionales Feld. Damit kann er in eure physischen

Strukturen eingreifen und innerhalb des Feldes alle gewünschten Veränderungen vornehmen.

Es ist also das gleiche Phänomen, ob bei außerirdischen Flugobjekten oder bei begabten Heilern. Es sind Einbrüche aus höheren Dimensionen in unsere materielle Welt. Demnach ist die Zeit als vierte Dimension die Grenze für unser Bewusstsein, die wir mit unseren Möglichkeiten noch nicht überwinden können. Vom Gefühl her haben wir Menschen schon immer gespürt, dass die Zeit keine feste Konstante ist, doch die beschriebenen Aktionen multidimensionaler Art sind eine andere Größe.

Was muss geschehen, damit wir Menschen die höheren Dimensionen effektiver zu erfassen lernen?

Lehmann: Ihr befindet euch schon auf diesem Weg. Eure Entwicklung schreitet voran. Noch sind es Wenige, die mit einem geistigen Führer dieses Phänomen aufzeigen dürfen, und wie du weißt, wird es zum größten Teil angezweifelt. In den nächsten Jahren wird die Anzahl der Heiler zunehmen, die mit solchen Methoden arbeiten, und dann werden die ersten Wissenschaftler versuchen, das Phänomen zu beschreiben und die dahinter verborgenen Gesetze aufzudecken, wodurch ein großes Umdenken einsetzen wird.

Das ist aber nicht der einzige Weg, den eure Entwicklung nehmen wird. Viele Sensitive gehen bereits mit Teilen ihres Bewusstseins durch die Zeitbarriere. Ihr nennt das Astralreisen oder Seelenreisen, und es ist eine großartige Möglichkeit, multidimensionalen Kontakt herbeizuführen. Wir beide tun es, auch Oskar und du, und viele werden es noch erlernen.

Doch die geistigen Helfer sind von ihrer Ebene aus angehalten, die Berührung zweier unterschiedlicher Ebenen sehr langsam zu gestalten. Euer physisches Bewusstsein, mit all seinen Facetten des Lebens, muss allmählich und behutsam angepasst werden. Es ist in erster Linie ein Entwicklungsprozess zwischen eurem Körperbewusstsein und der Seele. Bedenke, dass alle eure Sinne, alle eure Erfahrungen an euer Raum-Zeit-Kontinuum angepasst sind. Eure ganze vorgeprägte Wahrnehmung muss es zulassen, lernen, etwas als gegeben zu akzeptieren, was es vermeintlich nicht geben dürfte. Das wird noch viele Generationen dauern.

Für mich ist es ein hochinteressanter Vorgang und eine wundervolle Entwicklung, und ich weiß von anderen medialen Menschen, mit denen ich darüber sprach, dass sie es genauso empfinden. Wir fühlen so viel Geborgenheit und tiefen Frieden, wenn wir auf »Empfang« sind. In solchen Momenten ist alles anders, Ruhe und Gelassenheit machen jede Form von Gier, egoistischem Verhalten und Verblendung unmöglich. Es besteht ein gewisses Einverstandensein, das vertrauensvolle Gefühl, mit etwas ganz Großem verbunden zu sein …

Und dann das Alltagsleben. Es ist nicht einfach, die Balance zu halten zwischen den diesseitigen und jenseitigen Wahrnehmungen, und ich verstehe, dass das menschliche Bewusstsein über lange Zeiträume angepasst werden muss. Zu groß ist die Gefahr, dass unser Gehirn vom Kontakt mit dem Multidimensionalen überfordert wird und zusammenbricht.

Auf meine Frage, was ich unternehmen könnte, um auch anderen Menschen ein Fenster zur Medialität zu öffnen, sagte mir Lehmann: »Lehre deinen Weg und kläre die Interessierten darüber auf, worauf sie achten sollen.« Das nahm ich mir zu Herzen. Ich folge den Hinweisen meiner geistigen Führer gerne, weil sie bisher immer recht behalten haben. Deshalb möchte ich Ihnen jetzt anhand meiner Erfahrungen den Weg in die Medialität beschreiben.

Weil jeder Mensch einzigartig ist, kann er nur den für ihn bestimmten Weg gehen. Es beginnt manchmal mit Hinweisen, die sich in meinen Ausbildungen ergeben. Sie können jederzeit und überall auftreten. Doch einige Grundregeln sind universell, egal welchen Weg man einschlägt, und die sollten beachtet werden. Meine Erfahrungen werden Ihnen helfen, die Hinweise, die auch Sie bekommen, zu erkennen und Ihren eigenen Weg zu finden. Diese Erfahrungen haben sich bereits in Schulungen und in der Ausbildung bewährt und sie sind – wie ich überzeugt bin – absolut notwendig, um unser Bewusstsein, unser Tagesbewusstsein zu trainieren und auf die neuen Möglichkeiten vorzubereiten.

Ein Hindernis bei der Entwicklung unserer außersinnlichen Wahrnehmung ist gerade unser Tagesbewusstsein mit all seinen erlernten Aktivitäten. Das daraus resultierende Denken und Entscheiden, auch das Wünschen und Hoffen, prägen unseren Alltag. Da ist es zunächst nicht leicht, Hinweise auf die eigene Medialität zu erkennen. Ihre Medialität wird konfrontiert mit Ihren Gefühlen, Neigungen und Bedürfnissen und versucht dabei ständig, die Mauer der rationalen Entscheidungen zu durchbrechen. Oft verhindert

diese Dominanz des Tagesbewusstseins den Empfang außersinnlicher Wahrnehmungen. Unser Tagesbewusstsein handelt nach den Erfahrungen der Vergangenheit und steht meistens allem Neuen skeptisch bis ungläubig gegenüber. Das Gute dabei ist, dass unser menschliches Bewusstsein lernfähig ist. Wie sich das für die Medialität nutzen lässt, möchte ich nun beschreiben.

Der Weg in die Medialität

Ein Teil unseres Bewusstseins ist ein Speicher, in dem die menschlichen Motive verankert sind, die nichts mit unseren Charaktereigenschaften zu tun haben, zum Beispiel Angst, Aggression, Unsicherheit, Mut, Vertrauen, Liebe, Weisheit, Friedfertigkeit und verschiedene Gefühle. Ich nenne sie gerne die seelischen Eigenschaften, zu denen auch unsere Talente gehören. Sie formen maßgeblich unseren Charakter und lassen sich in etwa fünfzig Begriffe fassen. Aber unser Unbewusstes, unsere Seele beherrscht nur einen Teil dieser Motivationen, und daran leidet unsere Persönlichkeit. Wir sind noch unvollkommen, aber wir sind auf dem Weg in die Vollkommenheit, und das können wir ausnutzen, beschleunigen. Einfluss nehmen dabei auch unsere Charaktereigenschaften. Die Kombination aus beidem führt zu sinnvollen oder unsinnigen Verhaltensweisen, und hierin begründet liegt unser karmisches Erbe. Wir sehen die Welt nur so, wie wir sie sehen können, es ist die Summe dessen, wie unserer Auffassung nach die Welt, die Menschen und wir selbst eben sind, und das prägt uns, ohne dass uns diese Prägung bewusst wird. Wir folgen dieser Prägung – einem Automatismus, den wir nur schwer durchbrechen können, weil wir ihn gar nicht als solchen erkennen.

Das alles führt dazu, dass wir bestimmte Muster ständig wiederholen. Sie wirken auf unsere Gegenwart ein, bilden unseren Lebenstatus und regeln zukünftige Ereignisse. Dabei erkennen wir nicht, dass unsere ganze Wahrnehmung auf dieser Prägung beruht. Die Welt, wie wir sie sehen, wird durch unsere persönlichen Eindrücke geformt, wir sehen sie und uns aus dem Blickwinkel unserer seelischen und charakterlichen Eigenschaften, reagieren entsprechend und glauben, es richtig zu machen. Ich empfehle daher immer, sich selbst die Frage zu stellen: »Kann ich mir über das Wahrgenommene wirklich sicher sein?« Geben Sie sich die Erlaubnis, immer wieder genau hinzuschauen, denn wenn die Wahrnehmung verfremdet ist und auf falschen Grundlagen beruht, kann das Wahrgenommene in dieser Form nicht zutreffen. Besonders wenn Sie sich wünschen, mediale Fähigkeiten zu entwickeln, kommt es auf eine möglichst wirklichkeitsnahe Wahrnehmung an.

Um die Wahrheit erkennen zu können, jene Wahrheit, die ungetrübt von unseren Prägungen ist, müssen wir zunächst lernen, zwischen der ungetrübten Wahrheit und dem Wahrgenommenen zu unterscheiden. Denn eines ist klar: Wir können weder bereits vorhandene Eindrücke auslöschen noch uns den kommenden entziehen. Was wir allerdings können ist, die künftigen Eindrücke anders zu definieren, indem wir uns öffnen und ganz bewusst das »Gute« einladen. Ich nenne das Gedankenhygiene. Indem wir unsere Fähigkeit trainieren, heilsam zu fühlen, zu denken und zu handeln, verankern wir diese Ausdruckformen im Bewussten und formen damit unser Unbewusstes. Je öfter wir das tun, desto kräftiger werden sie gedeihen. Wenn wir die Weisheit des Geistes anzapfen wollen, müssen wir alles Extreme, alles Disharmonische hinter uns lassen.

Das wirkt sich auch auf Ihre Wünsche und Träume aus, die Sie über Ihr Unbewusstes erreichen. Die Natur Ihres Unbewussten entscheidet darüber, wie mit Ihren Wünschen und Träumen umgegangen wird. Wenn Ihr Unbewusstes harmonisiert ist, werden sich gute Wünsche erfüllen. Ersetzen Sie also das Schlechte durch das Gute, in Gedanken und Sprache, und Ihr Bewusstsein wird sich verändern. Zu den Säulen des Guten gehören Güte, Mitgefühl, Mitfreude und Gleichmut, die wiederum gestützt werden durch Abwesenheit von Gier und Verblendung, durch Vertrauen, Bescheidenheit und Selbstachtung.

Am besten erreichen und stärken wir diese Säulen der inneren Kraft in der Meditation – wenn es uns gelingt, Geistesruhe bei gleichzeitiger Wachheit zu erreichen. Ohne Wachheit keine Wahrnehmung. Aber Wahrnehmung und Verstand in der Meditation ruhen lassen – geht das? Nun, es muss erlernt werden. Besonders in der Meditation ist Wachheit notwendig, eine Art »gleichschwebende Aufmerksamkeit«, denn was hier geschieht, wird zur Absicht, und daraus entspringt die Tat, aus der Tat wird Gewohnheit, diese wiederum formt unseren Charakter, und aus dem Charakter entsteht unser Schicksal. Einfach ausgedrückt, wenn unser Tun nicht aus Güte, Mitgefühl und unserer Liebe zum Leben kommt, dann entstehen Unwissenheit und Verblendung. Einzig wenn unsere Wahrnehmung von der Verbundenheit mit allem getragen wird, werden wir erkennen, was in uns geschieht.

Es gibt nur einen Weg, das zu ermöglichen. Wir müssen nicht allein unsere Wahrnehmung, sondern auch uns selbst immer wieder infrage stellen und uns bemühen, unseren wahren Absichten auf den Grund zu gehen und sie auf verborgene Absichten zu überprüfen. Auch sollten wir nicht die Augen verschließen vor dem, was wir in und um uns herum sehen. Achtsamkeit hilft uns dabei. Achtsamkeit ist nichts anderes als Aufmerksamkeit, eine Haltung von Gewahrsein, mit respektvoller Betrachtung ohne Wertung – nicht beurteilen, nur erkennen, erforschen und akzeptieren, das ist der Weg. Durch Achtsamkeit schulen wir unsere Beobachtungsgabe, schulen wir unsere Absichten.

Das alles können wir am besten in der Meditation einüben, wobei eine Meditation auch ein Waldspaziergang oder der Blick aufs Meer sein kann. Führen wir das alles über einen längeren Zeitraum durch, wird sich unser Unbewusstes, unsere Seele bemühen, eine harmonische Ordnung in uns zu entfalten. Erst wenn Ruhe und Frieden, ein Gleichklang zwischen dem Bewussten und dem Unbewussten, entstanden ist, besteht die Wahrscheinlichkeit, mit dem Bewussten und dem Unbewussten gemeinsam das Überbewusste zu kontaktieren. Ohne Harmonie und Gleichklang von bewusst und unbewusst kann sich kein Dialog mit Geistwesen, mit Geistführern oder Engeln entfalten.

Das sind die Grundlagen: ein Höchstmaß an innerer Harmonie und Absichtslosigkeit in Bezug auf unsere Wahrnehmungen. Sind diese Grundlagen erfüllt und zeichnet sich eine

Kommunikation mit dem Geistigen ab, kommt wieder unser Gewahrsein in den Fokus. Es gibt mehrere Wege des Kontakts, die wir erreichen können, ein Hören ohne zu hören, ein Sehen ohne zu sehen, ein Wissen ohne zu wissen. Es geht jetzt darum, herauszufinden, welche Sinneseindrücke bei der Kommunikation genutzt werden.

Beginnen wir mit dem Hören. Unsere Seele, unser Freund und Helfer, vermittelt die geistigen Botschaften an unser Hörzentrum, an einen bestimmten Teil unseres Gehirns. Wir hören dann etwas, ohne es wirklich zu hören. Das, was wir hören, ist eine Modulation geistiger Information direkt in unser Hörzentrum, in das normalerweise unser Hörnerv Übertragungen von wahrgenommenen weltlichen Geräuschen sendet. Es ist kein echtes Hören, die geistige Botschaft stimuliert auf andere Weise unser Hörzentrum, und das muss geübt werden, am besten in der Meditation, in einem stillen Raum. Am Anfang ist es nur ein Flüstern, aber sobald das Tagesbewusstsein akzeptiert, dass hier etwas anderes geschieht, wenn Vertrauen entstanden ist, werden die Stimmen aus dem Geist deutlicher. Man hört sie dann mühelos. Eines sollte jedoch klar sein: Wir können die Übertragungen nicht erzwingen.

Ganz ähnlich ist es mit dem Sehen, dem außersinnlichen Sehen. Auch hierbei werden Botschaften überstellt, aber in eine andere Region unseres Gehirns, in das Sehzentrum. Diese bildhafte Form der Wahrnehmung sollte immer mit geschlossenen Augen geübt werden, damit keine Überlagerung durch äußere Sinnesreize entsteht.

Doch einen wichtigen Aspekt dürfen wir nie vergessen: Alle Botschaften, ob gehört oder gesehen, werden uns über unseren Wortschatz, unser Wissen bewusst gemacht, und es ist nie ausgeschlossen, dass unser Tagesbewusstsein mit all seinen Erfahrungen mitmischt und dadurch die Botschaften vermenschlicht, sie an die Erfahrungen anpasst, die wir in unserer Welt bisher gemacht haben. Erst in tiefer Trance werden medial empfangene Einspielungen unverfälscht zu klaren Botschaften. In der Trance ist unsere vorgeprägte Wahrnehmung dann so weit ausgebremst und durch reine Achtsamkeit ersetzt, dass wir kaum noch bewusst Eindrücke mitbekommen. Für Botschaften aus dem Jenseits, die wir nicht gleich mitteilen wie bei einem Sprechmedium, sondern für uns selbst erleben und betrachten möchten, ist Trance daher ungeeignet, in der Heilung aber ideal. Wird derjenige, der in Trance geht, geleitet und in der Trance von anderen Personen befragt, können erstaunliche Dinge geschehen, die wir im Rahmen unserer bisherigen Erfahrung nicht für möglich halten.

All diese Empfehlungen haben sich in Meditationsschulungen hervorragend bewährt. Doch der Weg in die Medialität ist lang, und wenn anfangs vielleicht wenig Talent vorhanden ist, kann sich dieser Weg in die Entfaltung der eigenen Medialität über Jahre hinziehen.

Nachdem ich den obigen Text geschrieben hatte, fragte ich meinen Freund Lehmann: »Kannst du mir für mediale Menschen noch irgendwelche Empfehlungen geben? Was sollten sie vielleicht besonders beachten?«

Lehmann: Der größte Unterschied zwischen eurem und unserem Bewusstsein ist, dass ihr in der Zeit existiert und wir in der Zeitlosigkeit. Für jeden von euch, der die Zeitmauer durchbricht und mit dem ewigen Jetzt in Berührung kommt, sind die Wahrnehmungen, die er dabei hat, eine Herausforderung. Es geht bei der Entwicklung von Medialität um ein Anpassen eures Bewusstseins an die Spontanität unserer Welt. Diese Anpassung kann beschleunigt werden durch bewusstes Verhalten, durch die gedankliche Ausrichtung auf eure Gegenwart, die ja eine Repräsentantin des ewigen Jetzt ist.

Im Heute, im Jetzt zu leben ist für euer Denken eine große Herausforderung. Sich auf den Moment zu konzentrieren, ohne an später, an die Zukunft zu denken, fällt euch nicht leicht. Ihr liebt das Planen, der Kalender ist euer ständiger Begleiter. Eure Gedanken sind immerfort auf die Zukunft gerichtet: »In einer halben Stunde geht meine Bahn, am Abend kommen Freunde zu Besuch, in der kommenden Woche habe ich dies oder das zu erledigen« – und dann kommen noch die Urlaubspläne und vieles mehr. Die meisten von euch übersehen dabei, in alle Überlegungen auch die Gegenwart einzubeziehen.

Viele Menschen konzentrieren sich nur noch auf ihre Zukunftspläne, sie können nicht die Gegenwart, euer Jetzt genießen, besonders nicht in eurer aktuellen Zeit, und deshalb fällt es ihnen schwer, Botschaften aus der Geistigen Welt in der Gegenwart wahrzunehmen und zu erfahren.

Das kenne ich vom Geistigen Heilen. Wenn ein Heiler zum Klienten sagt, »das wird Ihnen helfen«, statt zu sagen, »es hat geholfen«. Es gibt so viele Redewendungen über das Verhalten in der Zu-

kunft, aber wenige für die Gegenwart. Es sind nicht nur auf die Zukunft gerichtete Begriffe, sondern auch mit der Vergangenheit verbundene Sprüche. Und ich habe festgestellt: Wer solche Sprüche sehr stark lebt, hat oft Probleme mit seinen gegenwärtigen Lebenseinstellungen. Kannst du uns dazu etwas sagen?

Lehmann: Jeder Mensch denkt hin und wieder über das nach, was früher einmal geschehen ist. Das gehört zum Leben und ist oft auch nützlich. Aber es ist wichtig für euch, dass ihr euch nicht von der Vergangenheit beherrschen lasst. Das Festkleben an der Vergangenheit beginnt mit Gedanken wie: »Hätte ich doch nur, wie konnte ich nur, was wäre gewesen, wenn …« Besonders tragisch wird es, wenn Schuldgefühle wegen längst Vergangenem den aktuellen Alltag bestimmen. Egal welche Dramen es waren, kein Mensch kann in die Vergangenheit zurückgehen, um dort etwas zu bereinigen. Aber ihr könnt aus der Vergangenheit lernen, ihr könnt mit den Geschehnissen gedanklich endgültig abschließen, ihr könnt euch verzeihen, was damals geschah. Genauso könnt ihr euch freuen über das, was ihr damals erlebt habt, könnt dankbar sein für alles, was ihr kennenlernen durftet.

Es ist wichtig für euch, mit der Vergangenheit abzuschließen, denn wenn ihr aufhört, dem Gewesenen nachzujagen, wenn ihr wegen Vergangenem keine wertvolle Lebensenergie mehr vergeudet, werdet ihr die Gegenwart genießen können. Gedanken loslassen, ziehen lassen ist wichtig.

Sich ständig mit Dingen, die mit der Vergangenheit oder mit der Zukunft zu tun haben, zu beschäftigen, ist das größte Hindernis für die Entwicklung eurer Medialität.

Das kann ich bestätigen. Immer wenn ich Durchsagen von dir oder Oskar bekomme und diese in Bezug zur Vergangenheit oder zur Zukunft setze, wird von dem, was ihr mir übermittelt, vieles unverständlich bis wertlos. Es ist schon erstaunlich, dass wir Menschen genauso wie ihr Geistwesen im Jetzt leben, uns aber mit dem Zukünftigen und Vergangenen herumquälen, mit Möglichkeiten und verpassten Möglichkeiten. Unser Schöpfer wird sich dabei doch sicher etwas gedacht haben.

Kannst du mir etwas dazu sagen?

Lehmann: Die vierte Dimension, die Zeit, ist nicht nur eine Maßeinheit, sie ist auch eine strukturgebende Dimension für den Kosmos, den ihr wahrnehmt. Gleichzeitig ist die Zeit, wie ihr sie wahrnehmt, ein Garant für euer Lernen, ausgerichtet auf die Entwicklung von Erkenntnissen, die wiederum euer Bewusstsein formen. Ihr seid Teilnehmer und Mitgestalter der Schöpfung und habt einen freien Willen, und zusätzlich seid ihr wissbegierig und anpassungsfähig. Diese Eigenschaften sind für euch Menschen die treibende Kraft in eurer Entwicklung. Aus unserer Perspektive sind sie etwas Gefährliches für ein Wesen, das sich in der Entwicklung befindet und erst über ein Teilbewusstsein verfügt, aber schon mit den elementarsten Kräften der Natur umzugehen gelernt hat.

Für eure Bewusstseinsentwicklung habt ihr die Zeit als Stabilisator bekommen, das ist besonders wichtig für eure gegenwärtigen Experimente mit den Grundkräften der Schöpfung, wie mit der Atomkraft und dem Elektromagnetismus. Ohne die Zeit in der Entwicklung von Naturerkenntnissen, ohne die Zeit, die Experimente und Versuche beanspruchen, würdet ihr eure Existenz auslöschen. Wenn jede eurer Ideen sich sofort verwirklichen könnte, würde bei euch das totale Chaos ausbrechen. Besonders gefährlich wären eure Emotionen für euch, wenn sie sich zum Beispiel ohne Zeitdehnung sofort verwirklichen würden. Nicht auszudenken, was dann von euch noch übrig bleiben würde!

Deshalb habt ihr von der Schöpfung die Möglichkeit erhalten, euch im Laufe der Zeit zu entwickeln, in Ruhe und Gelassenheit. So könnt ihr die Gesetze der Schöpfung studieren, den Sinn des Lebens erforschen und in der Endphase erfahren, was und wer ihr wirklich seid: Kinder Gottes, werdende Mitgestalter der Schöpfung.

Aber erst, wenn … Nun, das kann und darf ich euch nicht verraten, denn ihr müsst es selbst herausfinden, erfahren, wie ihr eure Entwicklung gestaltet und welche Aufgaben ihr in der Schöpfung übernehmen werdet.

Schlussbetrachtung

Mein lieber Geistführer, du hast mir sehr viele Fragen beantwortet, doch in Bezug auf unsere Zukunft sagst du uns, ihr müsst es selbst herausfinden. Mehrmals hast du gesagt, wir sind auch Mitgestalter der Schöpfung, und nun höre ich wieder von dir, wir müssen es selbst herausfinden. Kannst du uns vielleicht zum Ende unserer Gespräche noch ein wenig Unterstützung bieten oder mir eine Abschlusserklärung mitteilen?

Lehmann: Alles Leben ist miteinander verbunden, miteinander vernetzt. Kein Mikroorganismus, kein Individuum handelt unabhängig vom Ganzen. Auch wenn es so erscheint, als handelten einzelne Lebewesen und Gruppen nur zu ihrem eigenen Nutzen, dienen sie doch immer dem Ganzen. Das Leben ist fortwährend interaktiv und erschafft sich ständig neu. Es bringt wechselseitig und wechselwirksam immer wieder neue Resultate hervor. Es kann gar nichts anders, ist gar nicht anders möglich.

Alle Erscheinungen, alle Lebewesen sind eine gigantische Einheit und bilden, auch wenn es nicht immer ersichtlich ist, eine Symbiose. Alle Lebewesen dienen dem Ganzen, sind mit-

Lehmann: Einzig das Gefühl erzeugt volles Bewusstsein. Wissen kann lediglich einen Teil des Bewusstseins hervorbringen, auch Erfahrungen bringen nur partielles Bewusstsein hervor. Du kannst das Wissen haben, dass du ein Teil des Göttlichen bist, ein Teil der Natur, doch dein Verstand kann das nur schwer erfassen. Wenn du mitfühlend bist, wenn du einfühlsam handelst, wird dein Wissen vollkommener. Aber erst wenn du das Leben liebst, wird dein Bewusstsein erhabener, erst wenn du spürst, dass du vom Leben geliebt wirst und im Gefühl der Liebe und Gegenliebe bist, wird dein Bewusstsein vollkommen sein. Du musst eins werden mit der Schöpfung, um sie überhaupt erfassen zu können.

Das ist schön gesagt, doch der Verstand, auch wenn er sich in Richtung Vernunft bewegt, ist nach deinen Worten der niedere Teil unseres Bewusstseins. Es ist schwer für uns Menschen, uns nur auf unser Gefühl zu verlassen, weil wir täglich mit unserem denkenden Bewusstsein agieren.

Lehmann: Das Gefühl ist der Ausdruck der Seele. Mit Hilfe des Gefühls erlangt ihr Bewusstheit und Bewusstsein. Für diesen Vorgang gibt es zwei Wege. Die Seele vermittelt dir ihr volles Bewusstsein durch ihr spirituelles Sein, ihr Einssein mit Gott. Oder dein Bewusstsein im Rationalen und Faktischen sucht sich einen Erkenntnisweg ohne Spiritualität. Beide Entwicklungen müssen zusammengeführt werden. Erst wenn das faktische Denken mit der Sprache der Seele, mit den Gefühlen eine Symbiose eingeht, entsteht das Bewusstsein, das eine Einheit bildet – Einssein mit Gott, Einssein mit dem Leben.

Aber das ist für uns Menschen noch ein weiter Weg.

Lehmann: Wenn du so denkst, wird es so sein. Du bist immer im Göttlichen eingebettet, du trägst den Schöpfungsgedanken in dir. Entwickle ein Gefühl dafür, dass dein Leben, dein Geist und dein Sein Bewusstsein ist. Dieses Bewusstsein nutzt deinen Körper in der physischen Welt, um in ihr selbsterkennendes physisches Bewusstsein zu entwickeln. Vertraue auf dein Sein, vertraue auf deinen unsterblichen Geist und deine unsterbliche Seele. Freue dich darüber, dass du als Geistwesen an diesem Schöpfungsprozess, Leben und Bewusstsein auf dem Planeten Erde zu entfalten, mitwirken kannst. Fühle und betrachte alles und nehme dein Leben und das aller anderen Lebewesen in dir auf. Nur so kann deine Wahrnehmung über das, was Leben ist und was der Sinn deiner Existenz ist, sich entfalten. Erst dann wird deine ganze Einstellung zum Leben sich friedvoll verändern.

Darf ich dazu eine kritische Frage stellen? Warum müssen wir Menschen uns von uns aus an die Geistige Welt wenden, warum unterstützt ihr uns nicht einfach und klärt uns darüber auf, wer oder was wir wirklich sind?

Lehmann: Es gibt einen Grund, warum du diese Erfahrung erst jetzt machst, dir jetzt erst diese Fragen stellst, denn es kommt immer auf den Augenblick an, in dem du die neue Möglichkeit in Betracht ziehst. Weil erst jetzt auf deiner Ebene, in deinem Erfahrungs- und Wissensfeld, das Fenster zum

Multidimensionalen aufgeht, weil dir erst jetzt das, was du glaubst, bewusst geworden ist.

Das Wunder der Kommunikation, auf das du so lange gewartet hast, hat auch auf dich gewartet. Wie du werden künftig immer mehr Menschen bereit sein, mit dem ihnen unbekannten Geist Kontakt aufzunehmen. Erst wenn sie sich bewusst werden, dass es eine Welt außerhalb des Sichtbaren geben muss, werden sie danach suchen. Gleichzeitig entsteht in diesen Menschen dabei die Erkenntnis, nicht unwürdig, nicht wertlos zu sein, weil sie jetzt überzeugt sind, am Wunder des Lebens teilzuhaben und oft selbst durch Anteilnahme und Fürsorge Wunder zu bewirken. Es ist also ein ganz bestimmter Entwicklungsprozess im Bewusstsein nötig, um die Botschaften aus der Geistigen Welt verstehen, akzeptieren und vor allem nutzen zu können.

Du hast doch selbst erlebt, was geschieht, wenn ein unvorbereitetes Bewusstsein sich den Kontakt zum Geistigen ermöglicht. Du hast doch selbst schon Menschen behandelt und geheilt, die durch einen Kontakt zum höheren Bewusstsein verwirrt wurden und dadurch große Probleme mit sich und in ihrer Umwelt bekamen.

Warum lasst ihr denn solche Kontakte zu, obwohl ihr wisst, wie tragisch das enden kann?

Lehmann: Weil ihr als Geistwesen immer mit dem Geist verbunden seid und einen freien Willen habt, der euch jederzeit ermöglicht, unsere Welt anzusprechen, was ihr auch seit Anbeginn tut, indem ihr den Geist – und andere Geistwesen mit höherem Bewusstsein – anruft. Ihr betet und bedient euch der Fürbitte, ihr seid also, wie ihr zu Recht glaubt, in der Lage, mit Gott und der Geistigen Welt zu sprechen. Und ihr seid von Anfang an immer beschützt, behütet, aber auch zur aktiven Mitwirkung aufgefordert. Wenn ihr aber glaubt, euch alles erlauben zu können, ohne das nötige Wissen dafür zu haben, wird daraus oft Schicksal oder Karma.

So ergeht es dem Menschen während vieler Leben, bis er nach dem Sinn des Ganzen und seines Seins fragt, sich die Frage stellt: »Wer oder was bin ich eigentlich?« Wenn er diese Erkenntnis erlangt hat und nach einem Kontakt zu seinem Engel oder Geistführer strebt, werden wir sein Bewusstsein anheben. Dann gibt es das Gefühl der Unwürdigkeit und Wertlosigkeit nicht mehr, und jede Hoffnungslosigkeit verschwindet. Erst dann beginnt für den Menschen, ganz bewusst, das eigentliche Wunder des Lebens.

Ich danke dir, mein lieber geistiger Freund.

Ich danke dir für deine Worte.

Ich hoffe und bete für alle leidenden Menschen, dass sie den Weg zum Licht der Erkenntnis finden mögen.

Horst Krohne

April 2022

Horst Krohne,

Gründer der Schule der Geistheilung nach Horst Krohne®, unterrichtet ein wissenschaftlich fundiertes System, das jedem Menschen die Möglichkeit gibt, geistige Heilweisen zu erlernen und auch selbst auszuüben. Der Erfolg seiner Lehrmethoden und seiner vielen bisher erschienenen Bücher, darunter *Geheimnis Lebenskalender*, *Neue Sicht des Geistigen Heilens* und *Die 12 Programme des Bewusstseins*, machten ihn zum vielleicht angesehensten deutschen Geistheiler.

Nach einer Lehre als Feinoptiker für astronomische Instrumente/Spiegelteleskope mit Abschluss der Meisterprüfung erlernte der 1934 in Berlin Geborene auf dem zweiten Bildungsweg die Betriebs- und Verkaufspsychologie, der er eine Ausbildung zum Kosmobiologen und Astrologen sowie zum Radiästhesisten folgen ließ. Bereits 1970 stieg er aus dem Wirtschaftsleben aus und eröffnete das »Zentrum für Lebenshilfe« mit Hotel auf Teneriffa. Acht Jahre lang studierte er dort mit Heilern aus allen Kulturkreisen das Phänomen des Geistigen Heilens und begann 1985 in Deutschland, Österreich und der Schweiz mit seiner Lehrtätigkeit auf den Gebieten Radiästhesie, Heilmeditation und Geistiges Heilen. Durch seine eigene mediale Begabung und Chakra-Sichtigkeit gelang es ihm, bei vielen Menschen die Selbstheilungskräfte und heilerischen Fähigkeiten zu aktivieren. Seine Bekanntheit wuchs noch durch Fernsehauftritte bei ARD, ZDF, RTL und ARTE.

Einladungen als Referent führten ihn zu internationalen Kongressen und Messen und anderen Heiler-Veranstaltungen, wie den renommierten Schweizer PSI-Tagen.

Gemeinsam mit Ärzten, Psychologen und Psychiatern entwickelte er das Lehrprogramm der Schule der Geistheilung nach Horst Krohne®, die er 1998 gründete und deren Programm mittlerweile von Dozenten der Schule europaweit als Aus- und Fortbildung im Bereich der Geistheilung mit Abschlusszertifikat gelehrt wird. Gemeinsam mit seiner inzwischen verstorbenen Frau Anneli, die ihn beim Aufbau der Schule unterstützte und ihm bei den Seminaren mit großem Engagement zur Seite stand, organisierte er den seit 2001 bestehenden, jährlich durchgeführten »Internationalen Heiler-Kongress« und rief 2006 das Fachmagazin der Schule, den *Heilspiegel*, ins Leben. Er hält weiterhin Vorträge und gibt Supervisionen für Dozenten und andere Heiler.

Seit 2015 besteht die Horst-Krohne-Stiftung zur Förderung der Wissenschaft und Forschung auf dem Gebiet der alternativen Heilmethoden.

Heilervermittlung:
www.schule-der-geistheilung.de
info@schule-der-geistheilung.de

Direkte Korrespondenz:
Horst Krohne, Mar Y Cumbre
Calle Acevino 16, Portal 1, A-M
E-38400 Puerto de la Cruz, La Paz
Tenerife/Islas Canarias

Werkverzeichnis

Bücher

1999 *Die Schule der Geistheilung*, Ansata • ISBN 978-3-7787-7202-7 [HC, vergriffen]

2002 *Handbuch für heilende Hände. Das A-Z der Übertragung von Heilenergie*, Ansata • ISBN 978-3-7787-7223-6 [Paperback, vergriffen]

2003 *Organsprache-Therapie. Neueste Methoden der Geistheilung in Verbindung mit Aura und Meridianen*, Ansata • ISBN 978-3-7787-7238-6 [HC, vergriffen]

2003 *Die Schule der Geistheilung*, Ansata • ISBN 978-3-7787-7202-7 [Paperback, vergriffen]

2004 *Geheimnis Lebenskalender. Heilen mit dem Gedächtnis des Energiekörpers*, Ansata • ISBN 978-3-7787-7268-3 [HC, vergriffen]

2005 *Das Hausbuch der Geistheilung. Soforthilfe bei Alltagsbeschwerden, Unfällen und chronischen Leiden*, Ansata • ISBN 978-3-7787-7292-8 [HC, vergriffen]

2006 *Neue Sicht des Geistigen Heilens. Zur Behandlung psychosomatischer Erkrankungen*, AMRA • ISBN 978-3-939373-01-8 [HC, vergriffen, eBook weiterhin erhältlich]

2007 *Geistheilung ist ansteckende Gesundheit. Wie und warum Heilung durch Energie funktioniert*, Ansata • ISBN 978-3-7787-7328-4 [HC, vergriffen]

2009 *Geistheilung mit dem Lebenskalender. Wie Sie Belastungen und Blockaden aus dem Gedächtnis Ihres Energiekörpers löschen*, Heyne • ISBN 978-3-453-70122-9 [Taschenbuch, vergriffen]

2009 *Das Hausbuch der Geistheilung. Soforthilfe bei Alltagsbeschwerden, Unfällen und chronischen Leiden*, Heyne • ISBN 978-3-453-70132-8 [Taschenbuch, vergriffen]

2010 *Die Schule der Geistheilung*, Heyne • ISBN 978-3-453-70146-5 [Taschenbuch]

2010 *Geistheilung – Dialog mit der Seele*, Allegria • ISBN 978-3-7934-2186-3 [HC, vergriffen]

2011 *Heilende Hände bei Allergie. Mit Geistheilung Allergien überwinden*, Allegria • ISBN 978-3-54874-537-4 [Taschenbuch]

2012 *Geheimnis Lebenskalender. Heilen mit dem Gedächtnis des Energiekörpers*, Ansata • ISBN 978-3-7787-7473-1 [HC, vergriffen]

2012 *Organsprache-Therapie. Neueste Methoden der Geistheilung in Verbindung mit Aura und Meridianen*, Heyne • ISBN 978-3-453-70205-9 [Taschenbuch]

2012 *Handbuch für heilende Hände. Das A-Z der Übertragung von Heilenergie*, Ansata • ISBN 978-3-778-77461-8 [Klappbroschur, überarbeitete Ausgabe]

2013 *Der Geist, der mich rief. Vom Wirken der göttlichen Heilkraft*, Ansata • ISBN 978-3-7787-7481-6 [HC, vergriffen; als Taschenbuch ohne ISBN erhältlich unter info@schule-der-geistheilung.de]

2013 *Geistheilung – Dialog mit der Seele*, Allegria • ISBN 978-3-54874-583-1 [Taschenbuch, vergriffen]

2014 *Ansteckende Gesundheit. Die faszinierenden Chancen der Geistheilung*, Heyne • ISBN 978-3-453-70265-3 [Taschenbuch, auch als eBook]

2018 *Die 12 Programme des Bewusstseins. Geistiges Heilen und der Sinn des Lebens*, AMRA • ISBN 978-3-95447-185-0 [HC, auch als eBook]

2020 *Ich möchte wissen, um zu helfen! Wie mediale Durchgaben die Heilung unterstützen*, AMRA • ISBN 978-3-95447-442-4 [HC, auch als eBook]

2022 *Neue Sicht des Geistigen Heilens. Jede Krankheit ist heilbar*, AMRA • ISBN 978-3-95447-511-7 [HC, erweiterte Neuausgabe mit doppeltem Umfang, auch als eBook]

2022 *Die Geistige Schöpfung des Lebens. Mediale Botschaften über die Entstehung der Welt*, AMRA • ISBN 978-3-95447-550-6 [HC, auch als eBook]

2022 *Das Hausbuch der Geistheilung. Soforthilfe bei Alltagsbeschwerden, Unfällen und chronischen Leiden*, AMRA • ISBN 978-3-95447-515-5 [HC, durchgesehene Neuausgabe, auch als eBook]

2022 *Geheimnis Lebenskalender. Heilen mit dem Gedächtnis des Energiekörpers*, AMRA • ISBN 978-3-95447-513-1 [HC, durchgesehene Neuausgabe, auch als eBook]

Sonstiges

2004 *Selbstheilung durch Chakra-Meditation*, gesprochen von Horst Krohne, Ansata • ISBN 978-3-7787-7269-0 [CD]

2004 *Auroskop. Erkennen Sie Ihre Aura-Farben!*, Ansata • ISBN 978-3-7787-7261-4 [Kartenset, vergriffen]

2007 *Meridian Heilmeditationen*, gesprochen von Horst Krohne, Ansata • ISBN 978-3-7787-7340-6 [CD, vergriffen]

2012 *Die Heiler – der Film*, mit Horst Krohne, Lanakila Film [DVD]

2013 *Horst Krohne. Ich möchte wissen, um zu helfen. Filmportrait eines großen Heilers*, Lanakila Film [DVD]

2014 *Burnout. Eine Chance zum Neubeginn*, mit Horst Krohne, Lanakila Film [DVD]

2014 *Schule der Geistheilung nach Horst Krohne. Die größte Geistheilerschule Europas*, Lanakila Film [DVD]

2014 *Farbmeditation*, gesprochen von Horst Krohne [CD, Vertrieb: Schule der Geistheilung]

2015 *Auroskop. Die Aura messen, deuten, harmonisieren*, Ehm Welk • ISBN 978-3-94348-731-2 [Kartenset, Vertrieb: Schule der Geistheilung]

Vergriffene Bücher von Horst Krohne sind im AMRA Verlag als vom Autor durchgesehene und ergänzte Neuauflagen in Vorbereitung. Sie können sich über den Veröffentlichungsstand informieren, wenn Sie auf www.AmraVerlag.de im Suchfeld das Stichwort »Horst Krohne« eingeben.

Wenn Sie Fragen zu bestimmten Inhalten haben,
wenden Sie sich bitte an
info@schule-der-geistheilung.de.

Über die größte Geistheilerschule Europas
erfahren Sie mehr
auf https://youtu.be/gDb2Xw-lHZg.

Das Arbeitsbuch gibt es auch als Kartenset …

Pavlina Klemm

Heilsymbole & Zahlenreihen

44 Karten mit 112-Seiten-Begleitbuch
24,99 € [D/A] • Klappschachtel
ISBN 978-3-95447-376-2

Wir, deine plejadischen Begleiter, sind dir sehr dankbar, dass du dich mithilfe dieses Kartensets selbst heilst. Du hältst gerade die materialisierte, manifestierte Energie von Symbolen, Zahlenreihen und Affirmationen in Händen. Durch dein Heilen hilfst du anderen Menschen. Durch die Anbindung an die morphogenetischen Felder dank der Symbole auf diesen Karten erweiterst du deine Wahrnehmung, und es gelingt dir viel leichter und schneller, dich in der fünften Dimension des Bewusstseins zu verankern.

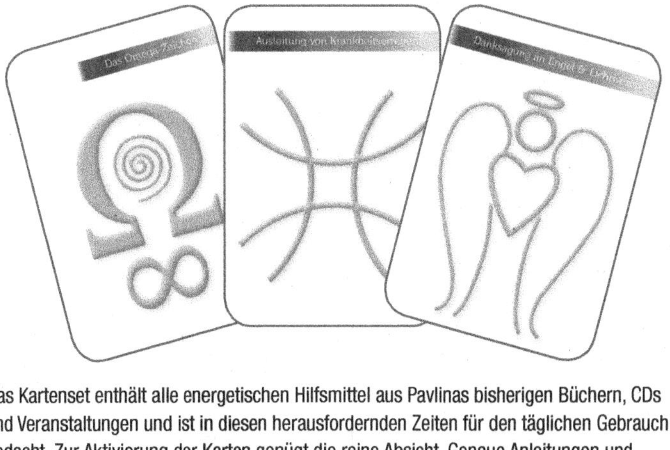

Das Kartenset enthält alle energetischen Hilfsmittel aus Pavlinas bisherigen Büchern, CDs und Veranstaltungen und ist in diesen herausfordernden Zeiten für den täglichen Gebrauch gedacht. Zur Aktivierung der Karten genügt die reine Absicht. Genaue Anleitungen und exklusive Texte der Plejader enthält das 112 Seiten umfassende Begleitbuch.

»Vertraue bei dieser energetischen Arbeit auf deine Intuition und lasse dich führen. Deine Realität kann schon sehr bald heilen.« – ***Pavlina Klemm***

Workshop-CDs der Plejader exklusiv auf www.AmraVerlag.de

Drunvalo Melchizedek
& Daniel Mitel

Lebe im Licht deines Herzens

Meditative Zugänge in den heiligen Raum

224 Seiten, gebunden, oranges Leseband

€ [D] 19,99 / € [A] 20,60 • ISBN 978-3-95447-343-4

Begib dich in dein Herz. Niemals in der Geschichte der Menschheit war es wichtiger als heute, sich auf die Reise ins Herz einzulassen und aus dem Herzen zu leben. Methoden, die über Jahrtausende hinweg eingesetzt wurden, machen es möglich – auch im emsigen Treiben unserer Zeit und ohne Lehrmeister. Du hast die Macht und die Fähigkeit, überall im Licht deines Herzens zu leben.

Zwei weltweit bekannte Meister der Meditation weisen den Weg.

Gary R. Renard

Als Jesus und Buddha sich kannten

Bericht über zwei mächtige Weggefährten

320 Seiten, gebunden, oranges Leseband

€ (D) 24,99 / € (A) 25,70 • ISBN 978-3-95447-246-8

Die Aufgestiegenen Meister Arten und Pursah sind zurück. Ihr neues Buch ergänzt die ursprüngliche Trilogie, bestehend aus *Die Illusion des Universums*, *Deine unsterbliche Realität* und *Die Liebe vergisst niemanden.* Es erkundet sechs Inkarnationen von Jesus und Buddha, in denen beide gemeinsam lebten. Nie waren Gespräche über die Realität des Lebens dermaßen relevant für die Gegenwart.

»Mehr als ein Buch – ein Portal, ein Transportsystem, ein Umordnen des Geistes. Und lustig ist Gary auch noch!«
– H. Ronald Hulnick

Klangheilungs-CDs von Michael Reimann

Zirbel Drüsen Aktivierung [Binauraler Beat]

Öffnung des Dritten Auges und Stärkung des Lichtkörpers

79 Min.; € [D/A] 19,95 • ISBN 978-3-95447-220-8

Herzkohärenz aufbauen [432 Hertz]

Mentale Leistungsfähigkeit und körpereigene Regeneration

75 Min.; € [D/A] 19,95 • ISBN 978-3-95447-266-6

DNA-Aktivierung [528 Hertz]

Heilung der Zellen durch die Liebesfrequenz – Meditationsanleitung von Jeanne Ruland im Booklet!

80 Min.; € [D/A] 19,99 • ISBN 978-3-95447-347-2

Bekannt als Multi-Instrumentalist, arbeitete Michael Reimann u.a. mit Joachim-Ernst Berendt und Christian Bollmann zusammen. Studienreisen führten ihn nach Bali, Indien und Japan. Seine Aufnahmen sind reiner musikalischer Klang.

Buchauszüge, Hörproben und Gratis-CD auf www.AmraVerlag.de

einander verbunden. Leben lebt vom Leben, zum Teil als Nahrung für andere, aber auf unsichtbarer Ebene befinden sich alle Lebewesen in einem ständigen Informationsaustausch untereinander und empfangen Informationen aus dem Geist. Ohne diesen göttlichen Plan können sich das Leben und das damit verbundene Bewusstsein nicht entfalten.

Das zu erkennen und zu akzeptieren ist einer der wichtigsten Schritte in eurer Entwicklung.

Diesen Worten und deinen Erklärungen zufolge ist die Meinung vieler Wissenschaftler falsch, das Leben und das in den Lebewesen vorhandene Bewusstsein sei nur ein Zufall, eine bloße Laune der Natur. Warum existieren überhaupt solche Ansichten?

Lehmann: Das ist die Folge der Polarität, die eurem Denken zugrunde liegt. Ihr könnt an Gott glauben oder nicht, ihr könnt an die Schöpfung glauben oder an einen Zufall. Sich für eine Seite zu entscheiden, geht nur über nachvollziehbare Argumente, Beweise, und wenn diese nicht vorliegen, wird ein Glaube nicht akzeptiert. Um dem Ursprung des Lebens näherzukommen, habe ich dir deine Fragen beantwortet, und du konntest deine Fragen nur stellen, weil du das Problem des bipolaren Denkens kennst und auch keine Vorverurteilung für noch nicht Bewiesenes in dir trägst. Die größte Blockade für neue Erkenntnisse ist in eurem Denken die Vorverurteilung – dass nicht sein darf, was ihr nicht glauben wollt.

Besteht also der Sinn meines Lebens darin, das bisher noch nicht Bewiesene erklärbar und nachvollziehbar vorzutragen?

Lehmann: Deine Seele ist bestrebt, auf der Erfahrungsebene zu erleben, was sie schon weiß. Deine Seele weiß, dass sie und das Leben von Gott erschaffen wurden, und trachtet danach, im Prozess des Lebens ihr Wissen über deine Erlebnisse als Heiler und Medium, über deine Wahrnehmungen, vorzutragen und weiterzugeben. Wenn du das Wissen deiner Seele im Prozess des Lebens bewusst erfährst und erlebst, wird es zu deiner Realität – und der Prozess der Sinnfindung ist dann vollendet, aber noch nicht abgeschlossen. Erst durch das vollkommene Wissen und das vollkommene Erfahren kommt es zur wahren Vollendung.

Na, dann habe ich ja noch einen langen Weg durch viele Reinkarnationen vor mir, denn ich bin überzeugt, dass nur durch Erleben und Erkennen bis in das kleinste Detail der Sinn des Ganzen erfasst werden kann.

Lehmann: Das ist richtig. Wer du wirklich bist, kannst du nur durch Erfahrung und Erkenntnis herausfinden. Wissen allein reicht nicht aus. Es ist eine ganz andere Sache, sein wahres Sein zu erfühlen und durch sein Körperbewusstsein zu erfassen. Mehrmals sagte ich, der Sinn des Lebens besteht darin, Selbsterkenntnis, selbst verwirklichendes Bewusstsein zu erschaffen. Geist und Seele sind die Vermittler dieser Wirklichkeit, und sie trainieren viele Lebewesen, natürlich auch euch Menschen, dieses Bewusstsein zu entwickeln.

Du betonst des Öfteren das Gefühl, müssen wir über die Gefühle unser Bewusstsein entwickeln?